LE STYLE DU JOURNAL D'UN CURÉ DE CAMPAGNE DE GEORGES BERNANOS

Denise W. Chao

UNIVERSITY
PRESS OF
AMERICA

TABLE DES MATIÈRES

PRÉFACE

Ce travail doit son origine à une prédilection pour la langue française. M. Henri Roussel, professeur à la Faculté des lettres, de l'Université de Lille, France avait démontré, au cours de l'explication d'un texte de *Génitrix*, comment l'analyse du style permet de comprendre davantage les finesses souvent voilées de la pensée d'un écrivain.

L'idée m'était venue alors de tenter une première expérience dans ce genre d'étude. M. Roussel avait bien voulu accepter d'être mon guide dans la préparation du présent mémoire. Lorsque j'en eus achevé l'ébauche, il m'encouragea et m'indiqua le chemin d'un approfondissement. Je voudrais le remercier ici de son aide bienveillante.

Denise Chao

INTRODUCTION

Depuis plus d'un demi-siècle, depuis la parution du premier ouvrage de Charles Bally, *Traité de stylistique française*, la science du style essaie péniblement de se définir.

Selon Bally, la stylistique étudie les faits d'expression du langage du point de vue de leur contenu affectif.[1] Il restreint ainsi le champ de son étude à l'affectivité, en excluant toutes les valeurs didactiques et esthétiques. Ultérieurement, le concept d'affectivité lui apparut un peu trop étroit et il l'a étendu à celui d'expressivité. Par la suite, ses successeurs étendront la notion d'expressivité à l'expression littéraire et aux valeurs impressives.[2]

A côté de cette stylistique de l'expression qui étudie les rapports de la forme avec la pensée en général, les structures et leur fonctionnement à l'intérieur du système d'une langue, il existe, sous le même nom de stylistique, une autre étude dont l'objet est la recherche des rapports de l'expression avec l'individu ou la collectivité qui la crée et qui l'emploie. On la nomme stylistique génétique. Elle vise à déterminer les causes de la parole, acte individuel de la sélection et d'actualisation en vue d'exprimer une pensée.

Cependant, la stylistique, sous sa double forme, reste encore une science à créer.[3] Rien n'est plus flou, plus mouvant que la notion du 'style'. Tantôt on le considère comme 'l'homme même' (Buffon) ou 'l'art de l'écrivain', tantôt comme 'un écart par rapport à une norme' (Valéry) ou 'une déviation du parler individuel' (Bally). Pour Marouzeau, le style est l'attitude que prend l'usager, écrivant ou parlant, vis-à-vis du matériel que la langue lui fournit.[4] Spitzer tient que le style est la mise en œuvre méthodique des éléments fournis par la

---

[1] Charles Bally, *Traité de stylistique française*, 2° éd. (Paris: Klincksieck, 1919-1921), p. 16.
[2] Pierre Guiraud, *La Stylistique* (Paris: Presses universitaires de France, 1963), p.55.
[3] Gérard Antoine, "Stylistique française, sa définition, ses buts, ses méthodes," *Revue de l'Enseignement supérieur*, no. 1 (1959), p. 42.
[4] J. Marouzeau, *Précis de stylistique française* (Paris: Masson, 1946), p. 10.

langue.[5] Max Jacob considère le style comme la volonté de s'extérioriser par des moyens choisis.[6] Nous n'oublions pas ce qu'a dit M. Riffaterre: le style est 'an emphasis (expressive, affective or aesthetic) added to the information conveyed by the linguistic structure without alteration of meaning.'[7] Dresden nous enseigne que le style est la totalité de l'œuvre. On trouve dans le style à la fois l'oeuvre et son créateur. L'écrivain est autant la pensée la plus profonde de son œuvre que l'emploi du vocabulaire et les éventuelles anomalies de syntaxe.[8]

La confusion et la multiplicité des points de vue montrent bien que la science du style n'a pas encore fait l'unanimité sur son objet, ses méthodes et ses buts.

Peut-être pourrait-on tirer, de cette variété des conceptions du style, quelques notions générales sur lesquelles pourra s'appuyer notre recherche. Généralement, on admet que le style est un phénomène d'origine individuelle de nature psychique et sociale, qu'il est la manière personnelle dont un sujet parlant ou écrivant choisit ses moyens d'expression pour exprimer sa pensée. C'est sur le style que repose l'unification du fond et de la forme de grandes œuvres littéraires. Une stylistique plus complète ne peut se passer des données de nature psychologique et éthique.

La langue est une forme. Puisque le signe, élément de la langue, résulte de l'union d'un signifiant et d'un signifié, la pensée se présente tout entière dans la langue.[9] De plus, les caractéristiques élémentaires et variées d'une langue donnée, mises en évidence par l'analyse, renvoient aux structures profondes du psychisme de l'écrivain et de la société qui l'entoure. Ces données multiples reflètent en même temps l'ensemble des causes déterminantes qui motivent et engen-

---

[5] Leo Spitzer, "Les théories de la stylistique," *Le Français moderne (1952), pp. 165-168.*

[6] Max Jacob, La préface du *Cornet à dés* (Paris: Gallimard, 1945), p. 13.

[7] M. Riffaterre, "Criteria for style analysis," *Word*, avril (1959), p. 155.

[8] S. Dresden, "Stylistique et science de la littérature," *Neophilologus*, 1952, pp. 193-205.

[9] F. de Saussure, Cours de linguistique générale (Paris: Fayot, 1960), p. 67.

drent la parole. La tâche de la stylistique génétique est d'interpréter le choix fait par l'usager des moyens d'expression, en vue d'assurer à sa communication le maximum d'efficacité.

On pourrait demander dans quelle mesure le style d'un auteur diffère de ceux de ses contemporains. Dans quelle mesure les traits spécifiques d'une œuvre relèvent-ils du style de son auteur ou du style de l'œuvre elle-même? Il fraudrait comparer. Voilà donc les limites que présente un travail comme celui-ci. Nous voudrions souligner spécialement que l'étude du style d'un auteur ou d'une œuvre, si elle n'est pas comparée avec d'autres auteurs ou d'autres œuvres, ne peut que donner des résultats approximatifs.

Selon M. Antoine, il existe deux types de recherches stylistiques: le premier groupera les analyses des systèmes d'expression d'une langue ou d'une école, d'un écrivain ou d'une œuvre; le second embrassera les analyses d'un ou de plusieurs procédés d'expression, soit dans une langue ou un état de langue donnée, soit au sein d'un genre, soit chez un écrivain ou dans une partie de ses œuvres.[10] Si nous avons choisi le premier type de recherche, ce n'est nullement par audace. Mais l'enquête portant sur la somme des ressources mises en œuvre par un écrivain pouvait nous apporter, nous a-t-il semblé, plus de bénéfices pratiques pour la connaissance de la langue française et pour l'enseignement du français à l'étranger qui est notre but. C'est précisément dans cette perspective que nous avons commencé l'étude du style du *Journal d'un Curé de Campagne* de Georges Bernanos.

Cette étude a été conçue et exécutée selon un double aspect: 1. considérer l'ensemble des habitudes linguistiques de ce roman hors de leur situation concrète dans le texte; 2. essayer de les interpréter dans leur situation concrète, afin de nous rendre compte de l'emploi qu'en fait Bernanos. Par exemple: le pronom démonstratif employé le plus fréquemment dans le roman est le pronom neutre 'ça'. 'Ça', sujet d'un verbe, complément d'objet ou faisant partie d'une locution adverbiale, est populaire. Il peut traduire la crainte, le mépris ou la

---

[10] G. Antoine, op. cit.

tendresse qu'inspirent les personnes ou les choses auxquelles il s'applique. *Le Journal d'un Curé de Campagne* est le dialogue d'une personne avec elle-même. La familiarité de langage que Bernanos prête au curé de campagne signifie à dessein sa sincérité et sa spontanéité. Quant au curé de Torcy, il possède une langue riche d'expressions familières. Dans ses paroles, l'emploi de 'ça' montre la franchise de son amitié mais aussi la supériorité de l'ancien sur le jeune.

Au niveau de l'interprétation des traits linguistiques spécifiques rassemblés, nous avons pratiqué deux procédés alternatifs: celui qui pénètre de la forme au fond et celui qui procède en sens inverse. Pour cela, nous avons recours au raisonnement, surtout aux causalités psychologiques, ainsi qu'à l'intuition. Mais cette intuition ne constitue nullement un acte de 'foi', ou une espèce d'illumination subite, comme l'a conçue Spitzer. Elle est contrôlée et vérifiée par les observations et les analyses initiales.

Par souci d'objectivité, nous avons aussi fait une étude sommaire de la vie et de l'œuvre de Bernanos.[11] Bien que cette étude soit placée au commencement du présent travail, elle a été faite effectivement au dernier stade de notre recherche; c'est notre premier chapitre.

Le vocabulaire est la principale source de l'expressivité. Les chapitres second, troisième et quatrième sont consacrés à une analyse des mots. Nous y examinons quel est le vocabulaire choisi par Bernanos dans le *Journal* pour évoquer la terre, brosser les portraits et exprimer les souffrances des êtres humains. Nous y étudions également le vocabulaire des milieux divers. Le chapitre cinquième porte sur le vocabulaire qui touche à la profondeur de la conscience d'une personne.

Dans le domaine de syntaxe, nous avons défini les faits du style du *Journal* à l'aide des catégories grammaticales. Or, une description grammaticale englobe inévitablement un élément normatif. M. Riffaterre a supprimé, par souci d'objectivité, les catégories grammaticales dans son *Style des Pléiades de Gobineau*. Mais si l'on

---

[11] J. Marouzeau, *Précis de stylistique française* (Paris: Masson et Cie, 1946), p. 14.

supprime absolument ce procédé, on rejette en même temps certaines valeurs importantes d'un style individuel. Dans les chapitres sixième et septième, l'examen des catégories grammaticales et l'étude de la construction des phrases permettent de voir si la liberté, à l'égard des règles grammaticales, voulue par Bernanos, produit certains effets de style.

Proust dit que la métaphore donne une éternité au style.[12] En effet, l'étude des images se situe au centre de la stylistique, car le sujet parlant ou écrivant jouit d'une liberté totale dans la création de ses images. Elles reflètent la personnalité et la vision du monde de celui qui les crée.[13] Dans le chapitre dernier, nous abordons les images que nous offre le *Journal*. De quelle nature sont-elles? Quelles perspectives ouvrent-elles?

Quant aux études sur le style de Bernanos, elles sont, jusqu'ici, rares. Quelles sont donc les opinions générales sur le style de Bernanos?

Selon certains auteurs, Bernanos est un peintre réaliste, dru et nerveux. Son style est inégal, puissant, d'une élégance souveraine. Certains le jugent hyperromantique. C'est à dire, un style qui oscille entre les extrêmes, tantôt d'une précision minutieuse, tantôt d'une vision toute fougueuse.[14]

Indéniablement, il existe dans son œuvre un sobre lyrisme et une intense poésie. Un dynamisme merveilleux la traverse. Nous sommes certains qu'il y a une évolution dans son langage. Il est violent et intense dans *Sous le soleil de Satan*, un peu alourdi dans *L'Imposture*, plus confus et plus orageux dans les essais. Dans *Nouvelle Histoire de Mouchette*, Bernanos nous offre un style de tendresse.[15] Avant de faire silence, sa plume s'arrête sur un langage d'une remarquable pureté et d'une concision pleine de lumière.

Quel est le style du *Journal d'un Curé de Campagne*? C'est précisé-

---

[12] Marcel Proust, *Chroniques* (Paris: Gallimard, 1927), p. 193.
[13] S. Ullmann, *Images in the French Novels* (Oxford: Basil Blackwell, 1963), p. 6.
[14] Maurice Bémol, *Essais sur l'orientation des littératures de la langue française* (Paris: Nizet, 1960), p. 215.
[15] Albert Béguin, *Bernanos par lui-méme* (Paris: Seuil, 1954), p. 80.

ment l'objet de notre étude. Nous n'avons pas la prétention de croire avoir fait un travail exhaustif. Bally conseille à ceux qui étudient la stylistique: "Si l'on songe que la recherche stylistique veut avant tout établir sa méthode et a besoin d'un contrôle incessant, on devine que c'est par la langue maternelle qu'il convient de commencer."[16] Que doit faire une étrangère?

[16] Ch. Bally, op. cit. p. 20.

CHAPITRE 1

Vie et Œuvre de Bernanos

Bernanos est né le 20 février 1888, à Paris. Sa famille paternelle, d'origine espagnole, avait émigré en Lorraine au XVII° siècle. Sa mère était de la région de Moreau.

Il passa son enfance à Fressin, dans le Pas-de-Calais. Jamais il n'oubliera ni les années vécues dans la grande maison familiale, ni le pays d'Artois qu'il a aimé.

A onze ans, il entre au collège des Pères Jésuites de Vaugirard. Il n'est pas un écolier assidu, mais il a lu tout Balzac. Il poursuit ses études au petit séminaire à Paris, puis à Bourges. Enfin il obtient son baccalauréat. Alors commence pour lui une vie tumultueuse d'étudiant passionné de politique. En préparant sa licence de lettres et de droit en Sorbonne, il milite dans l'Action Française.

Lors de l'affaire Thalamas, il est arrêté au cours d'une bagarre et incarcéré à la Santé. Bientôt il devient journaliste, puis directeur de *L'Avant-garde de Normandie*, hebdomadaire royaliste à Rouen.

Pendant la première guerre mondiale, il s'engage au VI° Dragon comme agent cycliste. Là il connaît pour la première fois la pauvreté et prend conscience de l'absurdité des combats.

En 1917, il se marie avec Jeanne d'Albert d'Arc, descendante du frère de Jeanne d'Arc. Pour faire subsister sa famille, il entre comme inspecteur dans une compagnie d'assurances.

En ces années difficiles, il se lie d'amitié avec le R. P. Dom Besse, et avec Robert Vallery-Radot[1] à qui il dédiera son premier grand roman: *Sous le soleil de Satan*. L'apparition de ce roman en 1926 est un grand succès. Il quitte la compagnie d'assurances pour se consacrer entièrement à son metier d'écrivain. Se fixant dans les Pyrénées,

---

[1] Robert Vallery-Radot, poète de *L'Eau du Puits* et romancier de *L'Homme de Désir* et de *Leur Royaume*.

il écrit *L'Imposture* et des articles, et prononce aussi des conférences, car il est alors partisan de Maurras.

La condamnation de l'Action Française par Pie XI et la mort de son père sont les plus douloureuses épreuves de cette période de sa vie. Par ailleurs, lui-même est sujet à des crises d'angoisse. Il s'installe avec son foyer à Clermont-de-l'Oise où il achève *La Joie* et *La Grande Peur des Bien-Pensants* (1930).

L'année suivante, il se sépare de Maurras, entre au *Figaro* comme directeur littéraire, en collaboration avec R. Vallery-Radot. Mais cela ne dure pas plus d'un an.

A Toulon, sur la côte d'Azur, il commence à composer un nouveau roman: *La Paroisse morte* qui sera plus tard *Monsieur Ouine*. En même temps, il polémique contre l'Action Française. Un accident de motocyclette le rend infirme. Désormais il ne pourra plus marcher sans l'aide de deux cannes.

La pauvreté matérielle et la détresse le poussent vers l'exil. Il s'embarque pour Majorque, dans les îles Baléares et y séjourne pendant trois ans. Il y écrit le *Journal d'un Curé de Campagne*; son éditeur le rétribue page par page. Il y compose encore *Un Crime, Un Mauvais Rêve* et la *Nouvelle Histoire de Mouchette*.

Sous le coup de la guerre d'Espagne et de l'accord de Munich (1938), il prend la route de l'Amérique latine. La raison de ce départ est loin d'être une certaine instabilité de tempérament; elle est plus profonde et plus douloureuse. Bernanos ne voit dans les événements et les opinions publiques que la faiblesse des démocraties, la peur des médiocres et la lâcheté collective.

Après un court séjour au Paraguay, il vit au Brésil pendant sept ans. Une exploitation d'agriculture est entreprise sans succès. Habitant la petite ferme nommée 'La Croix-des-Ames', il écrit un grand nombre d'articles. Il est un apôtre passionné de la Résistance.

Sur un appel du Général de Gaulle, il rentre dans sa patrie avec l'espoir de voir son pays libéré de la politique vacillante du passé. Il garde toujours un amour ombrageux pour la France. "Quand je serai mort, dites lui que je l'aimais plus que je n'ai jamais osé le dire."

Le lendemain de la libération est sombre. La situation politique demeure dans un état trouble. Bernanos s'irrite en voyant une société où "tout le monde triche". Alors s'élève sa voix pathétique: "Le monde ne sera sauvé que par les hommes libres . . . "[2] Conscient du nouveau danger qui menace l'humanité, il répète inlassablement les mêmes vérités.

Une fois de plus, il prend le bateau pour la Tunisie. Déjà, le terme de son voyage terrestre approche. Les rumeurs de la Cité humaine se dissipent peu à peu, la vision plus belle du Christ apparaît.

"L'heure venue, c'est lui (Bernanos enfant) qui reprendra sa place à la tête de ma vie, rassemblera mes pauvres années jusqu'à la dernière, entrera le premier dans la maison du Père."

C'est ainsi qu'il quitte le monde le 5 juillet 1948, à Neuilly.

II

L'illumination de l'enfance est une source inépuisable pour Bernanos, source de joie et de peine. Son besoin d'absolu, son aspiration profonde, son courage . . . tout naît d'elle.

"Que m'importe ma vie? Je veux seulement qu'elle reste jusqu'au bout fidèle à l'enfant que je fus."

Mais l'enfance s'éloigne, hélas, pour lui comme pour les autres. Une vie errante, n'est-elle pas l'image d'une recherche infatigable de ce que l'on aime?

Adolescent, Bernanos avait fait cette prière: "Mon Dieu, donne-moi toujours le nécessaire." Quel est ce nécessaire? Il l'ignore. Mais déjà il sent son vide confusément.

Il se battra sa vie durant, pour sa foi et les béatitudes. Les chasses et les escarmouches de sa jeunesse aboutiront à d'autres combats. Il les livrera tous. Royaliste, fasciste et raciste, puis antifasciste et adversaire de l'esprit bourgeois, Bernanos a toujours obéi à ses

---

[2] La péroraison du discours sur l'Europe que Bernanos prononce en 1946 aux rencontres internationales de Genève.

exigences foncières de pureté spirituelle. Le changement, fruit d'une recherche inlassable, prouve sa passion de la vérité.

Il hait la facilité et les compromissions des chrétiens à l'égard de la politique. Il voit avec inquiétude le monde moderne s'enfoncer dans une impasse et tendre à l'humanité un piège.

La vérité de la communion des saints lui est tellement chère. Il appartient à la volonté de l'homme, à l'aide de la grâce, de faire le bien ou le mal, de contribuer au salut ou à la destruction de la civilisation.

Combien de fois cherche-t-il alors le sens profond du mot *vocatus*?

Combien de fois repousse-t-il ce qu'il en a pu trouver? "Toute vocation est un appel—vocatus—et tout appel veut être transmis. Ceux que j'appelle ne sont évidemment pas nombreux. Ils ne changeront rien aux affaires de ce monde. Mais c'est pour eux, c'est pour eux que je suis né."[3] Pour répondre à un appel, il écrit. Il écrit pour rappeler les vérités essentielles: l'amour et la liberté.

Ecolier laborieux et gauche, il écrit sur des petits cahiers, à longueur de journée, corrigeant, raturant et réinventant. Avec lenteur il peint. Jamais il n'acceptera de se considérer comme un écrivain.

L'exigence d'écrire s'impose à son tempérament si actif. Et il est sans facilité de plume. "Je ne suis pas un écrivain, dit-il, la seule vue d'une feuille de papier blanc me harasse l'âme. L'espèce de recueillement physique qu'impose un tel travail m'est si odieux que je l'évite tant que je puis."[4]

C'est une lutte pour lui que d'écrire. Une lutte physique et morale, un douloureux enfantement. Dans une lettre à sa fiancée en 1916, il avoue: "Je travaille dans la nuit la plus opaque, je me bats avec les images et les mots . . ."[5]

Mais ce combat pour créer n'est pas tout. L'isolement qu'exige son travail lui est insupportable, parce qu'il a, par nature, un ardent besoin de communiquer avec autrui. Il ne saurait se passer longtemps

[3] et [4] G. Bernanos, *Les Grands Cimetières sous la lune* (Paris: Plon, 1939), pp. 6-7.
[5] Lettre du 19 janvier 1916, citée par Albert Béguin dans *Bernanos par lui-même, p. 101*

du visage et de la voix humains. Il prend ainsi l'habitude de travailler dans des salles de café, au risque de passer pour un ivrogne. Armé de passion et d'amertume, il se jette tout entier dans la lutte, bravant l'orage de son époque. Il préconise l'héroïsme: la sainteté. Romancier et polémiste, Bernanos est un écrivain libre, d'une liberté dont l'essence se trouve uniquement dans son christianisme.

"J'ai juré de vous émouvoir—d'amitié ou de colère, qu'importe? Je vous donne un livre vivant. Car ce n'est pas ma chanson qui est immortelle, mais c'est ce que je chante."

III

Selon Goethe et Valéry, l'homme de génie est un être collectif. Cela signifie qu'il est d'une part le porteur des tendances et des influences multiples de son époque, de l'autre, un individu dont l'originalité est irréductible à une causalité déterminée. En ce sens, les grands courants historiques et littéraires éclairent la genèse des œuvres d'un écrivain et permettent d'en apprécier la valeur.

Bernanos a vécu un temps extraordinaire. Les deux guerres mondiales ont transformé la société de l'Occident. Elles ont exercé une action si profonde que la vie littéraire en a été complètement bouleversée. Mais c'est dans ce bouleversement inattendu qu'est née une nouvelle littérature française. Enfant de ce siècle orageux, Bernanos l'a affronté, et son œuvre en témoigne d'une manière émouvante.

Les années 20

L'Armistice du 11 novembre 1918 apporte à la France la victoire. Avec la victoire, un fol espoir jaillit au coeur des masses. L'aprèsguerre sera un temps de soulagement et de prospérité!

La tourmente passée, que peut-on attendre sinon la merveilleuse paix et le plaisir de vivre? Oui, on s'amuse partout. Voici comment on vit à Paris en ce moment:

"En 1922" dit Maurice Sachs, "on dîne, on sort, on soupe, on fait l'amour. Les nègres installés à tous les orchestres poussent des hurlements déchirants, terribles, des plaintes douces et des cris d'enfants; le jazz secoue les corps les plus fous et les plus modérés et, dans quelque quartier qu'on se penche le soir à la fenêtre, on voit s'étendre en ciel la lueur rouge que jette Montmartre comme un grand lupanar."[6]

Mais ce temps si gai ne dure pas, la blessure de la guerre saigne encore. Le souvenir du mal d'un passé récent pèse sur la conscience. Pour la France, la guerre de 1914-1918 a été désastreuse. Pays de faible natalité, elle a perdu un cinquième de ses jeunes. Douleur et inquiétude dominent l'après-guerre. Où est la fierté de la société bien-pensante du siècle précédent? Tout est passé et dépassé. L'illusion disparaît comme rêve.

La jeunesse est fort secouée. Bien que, pendant toute une période, l'ivresse de l'action l'ait gagnée, elle s'éveille maintenant devant la réalité douloureuse. Cette jeunesse, dénuée de certitude, devient sceptique. En voyant s'écrouler la vieille société, elle ne croit plus à rien.

Dans ce climat de dégout et de pessimisme, les mouvements de révolte éclatent dans tous les milieux sociaux. Ils brûlent le coeur des jeunes: révolte contre le régime parlementaire bourgeois, révolte contre l'armée, révolte contre l'enseignement du passé, révolte contre l'Académie et les Académiciens . . . bref, révolte contre tout ce qui est héritage du passé, du passé haïssable.

Les écrivains, eux aussi, imprégnés de ce climat angoissant, cherchent à le dépasser et à l'exprimer. C'est ainsi que naissent les nouvelles écoles artistiques: le dadaïsme, le futurisme, et surtout le surréalisme dont quelques extrêmistes choisiront la mort par révolte contre la vie elle-même (e.g. Jacques Vaché, Jacques Rigault, René Crevel).

Gide est un grand nom à cette époque. On lui doit tous les courants et les thèmes principaux: culte de la sincérité, besoin d'aventure, sens

---

[6] Maurice Sachs, *Le Sabbat* (Paris: Gallimard, 1960), p. 103.

de la complexité humaine, libération des contraintes et des conventions. Au lendemain de la guerre, les écrivains s'unissent dans un même sentiment d'antipharisaïsme. A la suite de Gide, beaucoup d'écrivains rédigent les journaux intimes. C'est le début d'une littérature introspective et narcissiste, plus ou moins artificielle. La préoccupation des complexités et des contradictions humaines n'est pas nouvelle dans l'histoire de la littérature française. Cependant, à la manière de la découverte psychologique de Freud, et sous l'influence de Dostoïevski qui enseigne l'ambivalence des sentiments humains, le courant littéraire s'oriente vers l'étude de l'homme-même, études des réalités obscures de l'être humain.

Le Freudisme est en quelque sorte l'idole littéraire entre 1919-1930. Le moi complexe, contradictoire devient un dogme pour un grand nombre d'écrivains français. Le nouveau courant littéraire est soutenu également par la théorie de Bergson. Pour lui, le moi profond vit dans la durée pure, en opposition à l'intellectuel et au spatial. Le mobilisme et le dynamisme assurent le pouvoir créateur de l'homme.

Le nouveau courant littéraire apprend à écouter l'abîme intérieur et éclaire l'insuffisance de notre langage: le langage, limité par les conditions de l'action pratique dans le monde de l'espace, risque de laisser échapper la vérité mouvante de la durée. Seules les valeurs musicales et les images peuvent aider une langue à traduire les vérités supérieures et invisibles.

L'inquiétude demeure le sort du monde de l'après-guerre. En France, les crises financières et les chutes de ministères se succèdent. En Espagne, et en Chine, la guerre civile éclate; l'évacuation de la Rhénanie, les purges sanglantes en Russie . . . tout contribue à développer le sens du tragique de la condition humaine.

Le positivisme est depuis longtemps dépassé. On est à la recherche d'on ne sait quoi pour assurer l'avenir. Le problème de la réconciliation de la foi et de la raison est brûlant à cette époque. De nombreux jeunes se sont convertis au Christianisme: Psichari, Ghéon, Jacques Rivière, Charles du Bos.

17

L'œuvre littéraire révêt alors une tendance philosophique et idéologique. Les écrivains catholiques donnent des œuvres d'inspiration chrétienne. Ils dénoncent vigoureusement l'hypocrisie et les fausses valeurs du monde moderne, et sans partialité, attaquent la tiédeur des chrétiens, proclament leur foi. Commencé par Lacordaire au XIX° siècle, ce courant nouveau se continue avec Léon Bloy, Barbey d'Aurevilly, Paul Claudel, Péguy etc.

Bernanos, Mauriac, Jouhandeau annoncent à leur tour, le triomphe de la foi, et insistent sur la valeur de la souffrance de l'homme. Ils proposent aussi un héroïsme surnaturel: la sainteté.

Pendant les années 20, Bernanos nous donnent plusieurs romans qui suffisent à montrer son talent et sa grandeur. Ses œuvres inaugurent le roman mystique d'une époque.

En 1925, année qui précède la publication de *Sous le Soleil de Satan*, Bernanos dit à un ami qu'il a conscience d'avoir mis vingt ans à créer dans sa tête un monde imaginaire d'une singularité remarquable. Il est vrai que la parution de son premier roman fut comme un coup de tonnerre qui marque l'entrée de Bernanos dans le monde littéraire.

L'histoire du roman se passe dans le Pas-de-Calais. Le prologue présente l'histoire de Mouchette, fille d'un brasseur. Elle a grandi dans une famille où elle n'a connu que la solitude. A seize ans, elle devient la maîtresse d'un des deux châtelains de son village et attend un enfant. L'atavisme de ses ancêtres alcooliques pèse lourdement sur elle. Elle assassine l'autre châtelain de telle manière que le crime fasse croire à un suicide et à une paternité de l'enfant que Mouchette attend.

Des pages brûlantes introduisent la partie intitulée: La tentation du désespoir. Il s'agit du jeune abbé Donissan, timide et ignorant de l'existence du Mal. Il est le vicaire du chanoine Menou-Segrais, prêtre très digne et cultivé. L'abbé Donissan se donne totalement aux pécheurs et s'impose des pénitences corporelles.

Une nuit il rencontre le Démon sous les traits d'un maquignon. Après une lutte terrible, il devient un prodigieux lecteur d'âmes. Donissan retrouve Mouchette dans la nuit, au risque de compromettre son propre salut. Il poursuit en elle la présence du Démon. Le chanoine est loin d'être content de sa conduite.

Mouchette se suicide dans une crise mentale. Le jeune abbé la transporte dans une église voisine, selon le désir qu'elle lui a exprimé. Il est envoyé ensuite dans une trappe à cause de son imprudence. Il deviendra curé de Lumbre sept ans plus tard. Il y exerce son ministère avec ardeur, et meurt dans son confessionnal.

Sous le soleil de Satan est une œuvre à la fois réaliste et fantastique. On y voit l'influence de Barbey, notamment dans la première partie du roman. Nous retrouvons chez Bernanos, comme chez Barbey, l'incarnation du merveilleux dans les réalités banales. Les simples vérités humaines enferment un sens métaphysique et une richesse ineffable. Mais Bernanos dépasse de loin son devancier par son imagination visionnaire et par son langage d'une rare puissance.

L'Imposture, publié en 1927, nous présente le portrait d'un prêtre rationaliste et sceptique. Il vit à Paris parmi les savants. Amateur d'âmes, il les heurte par sa froideur et par sa raison. Avec lui, d'autres visages surgissent dans la même nuit stérile. C'est l'image d'un monde où l'orgueil se substitue à l'amour. Selon Louis Chaigne, cet ouvrage n'a pas la magnifique venue de *Sous le Soleil de Satan*. Certaines pages sont écrites avec force et nouveauté. Mais de nombreuses digressions semblent ternir la clarté générale du roman.

L'année suivante, Bernanos achève *La Joie* qui est la suite de *L'Imposture*. Chantal de Clergerie en est le protagoniste. Elle a dix-sept ans. Aidée de l'abbé Chevance, elle avance seule dans la voie mystérieuse de l'enfant de Dieu. Son père, veuf, historien et candidat à l'Académie, se confie à un psychiatre; celui-ci croit que la vie n'est rien qu'une ignoble obstination. Ce qui déchire M. de Clergerie, c'est de se découvrir lui-même, de reconnaître sa misère et ses tourments, sa propre vie couleur de cendre. Hâtivement, il prépare son remariage. Pour écarter sa fille du nouveau foyer qu'il va fonder, il lui propose d'entrer au couvent. Elle refuse. Pourquoi? "La pensée que, dans un instant, elle ne pourrait sans doute plus rien pour eux, qu'elle aurait perdu mille fois plus que leur chétive présence, le secret de leur tristesse, de leur mensonge, que le céleste lien de la pitié serait entre eux à jamais rompu, qu'elle ne pourrait plus les plaindre, partager leur souffrance obscure, la traversa comme un éclair." Elle s'abandonne à Dieu.

L'abbé Cénabre vient s'entretenir avec elle pour recueillir d'elle les dernières pensées de l'abbé Chevance. La même nuit, Chantal est assassinée par un domestique, Fiodor, qui la poursuit depuis un certain temps. La mort de Chantal sauvera-t-elle l'âme de l'abbé Cénabre? Dieu seul le sait.

La Joie est écrit avec la finesse d'une sensibilité surnaturelle. Bernanos s'inspire-t-il de la vie de Sainte Thérèse de l'Enfant-Jésus? Nous n'osons pas l'affirmer. Mais sans aucun doute il a prêté à son héroïne certaines de ses propres expériences. Bernanos propose ici, comme ailleurs, l'idéal de la sainteté. Le péché et la grâce se regardent. L'oeuvre est le chant de victoire de celle-ci. Le style y est moins énergique, moins imagé. Il témoigne d'une certaine pitié de la part de l'auteur.

Il n'est pas étonnant que Bernanos ait recours aux saints de l'Eglise catholique, sans avouer qu'il est quelque peu déçu par les hommes. Il a rendu les visages des saints plus radieux par une poésie pleine de vie et de mouvement. Dans *Saint Dominique* (1926) et *Jeanne relapse et sainte* (1929), il proclame que la sainteté est le seul risque à courir. La vie humaine est un risque dont la valeur se trouve au coeur même de la foi chrétienne. Il y a autre chose que la terreur de la mort, c'est l'espérance surnaturelle.

Avec trois romans et deux récits de saints, Bernanos introduit dans la littérature française un sujet nouveau: la réversibilité des mérites et la lutte entre Dieu et Satan.

Les années 30

Les années 30 ne sont pas meilleures que la décade précédente. La situation mondiale est mauvaise. Le système capitaliste commence à poser de graves questions. La coopération européenne est un grand problème. Ajoutons l'agression italienne contre l'Ethiopie, les accords de Munich et la guerre sino-japonaise. Tous ces événements angoissent les hommes. Une nouvelle forme de vie est en train de se rechercher.

Certains écrivains pessimistes vont aux extrêmes, criant: "La vérité de ce monde, c'est la mort." La littérature française de cette période est le reflet de ce vide et de cette solitude. Les écrivains catholiques n'échappent pas au pessimisme. Cependant ils s'efforcent de le dépasser par la perspective évangélique.

C'est une époque de recherche humaniste. On en parle partout. En France, apparaissent l'humanisme populaire de Ghéhenno, l'humanisme harmonieux de Jean Giraudoux, celui de 'gauche' d'Aragon et enfin l'humanisme intégral de Jacques Maritain. Ce dernier veut un humanisme qui respecte l'homme sans l'en faire idole et qui grandit l'homme dans la communion humaine. Par ailleurs, nous avons le personnalisme chrétien d'Emmanuel Mounier et l'existentialisme athée de Jean Paul Sartre.

L'idéal gidien de la liberté sans limites n'est plus en faveur chez les jeunes. On revient à l'héroïsme de Corneille. Les héros des années 30 trouvent leur ascension dans l'action. Mais ils expriment et vivent leur conviction dans des voies divergentes, parce que chaque héros est tendu vers un idéal différent: sainteté, communion des hommes ou révolution . . .

Chez beaucoup d'écrivains, l'action politique et sociale s'accentue. En ces années, l'Action Française continue à recruter les plus hardis parmi les jeunes. Les journaux sont pleins de voix moralisantes et même tendancieuses. C'est le début d'une littérature engagée.

Au moment où les écrivains français veulent se dégager des ornières littéraires du passé, le roman américain leur donne des lumières. Issue d'une société relativement jeune, la littérature américaine est sans modèle, et les écrivains américains semblent jouir de plus de liberté dans la création. Ils écrivent la vie de l'homme moderne d'une manière moderne. Faulkner utilise le procédé du monologue intérieur sans analyse aucune. Le refus de l'intellectualisation donne au lecteur la possibilité et la liberté de saisir ce qui ne

21

se traduit pas par raisonnement logique. L'auteur lui-même s'efface devant les personnages qu'il crée.

La découverte de Faulkner a encouragé beaucoup les écrivains français des années 30. Jean Paul Sartre est influencé par Dos Passos et Camus par Hemingway.

Nous n'oublions pas un autre facteur qui a modifié le style littéraire. C'est la technique cinématographique. Les romanciers de ce temps adoptent, avec plaisir, les nouveaux procédés offerts par le septième art: le déplacement de caméra, le gros plan, l'ellipse . . . etc.

Pendant les années 30, Bernanos produit quatre romans dont deux romans policiers et métaphysiques. Dans *Un Mauvais Rêve* (1931-1934), il montre la misère de certaines âmes qui tourbillonnent en se perdant. Le personnage principal, Simon Alfieri, est une veuve et une meurtrière. Elle a été découverte par un prêtre en pleine nuit. C'est un roman laissé volontairement inachevé. L'autre roman policier, *Un Crime* (1936), révèle la puissance de Satan incarné dans une femme, Evangéliste, l'imposture personnifiée. On croit que Bernanos a écrit ces deux romans pour répondre à un besoin d'ordre pécuniaire.

En 1933, Bernanos accidenté, écrit dans l'île Majorque le *Journal d'un Curé de Campagne*, son chef-d'œuvre. Il se situe au centre de son œuvre et rayonne sur elle. Le *Journal* est une évocation de la situation spirituelle profonde d'une âme, et au delà de celle-ci, de tout un monde, à la fois divin et luciférien. L'insertion originale des thèmes religieux éclaire le roman entier.

A propos de l'origine de cette œuvre, un souvenir de l'auteur peut nous éclairer davantage sur sa création: "Dès que je prends la plume, ce qui se lève tout de suite en moi, c'est mon enfance. Mon enfance si ordinaire, qui ressemble à toutes les autres, et dont pourtant je tire tout ce que j'écris comme d'une source inépuisable de rêves. Les visages et les paysages de mon enfance, tout mêlés, confondus, brassés par cette espèce de mémoire inconsciente qui me fait ce que je suis, un romancier."[7]

---

[7] Albert Béguin, op. cit. p. 176.

Un autre livre important dans la vie littéraire de Bernanos est la *Nouvelle Histoire de Mouchette* achevé en 1937. Bernanos l'écrit avec une pénétration et une intensité extraordinaires. L'histoire montre le drame d'une enfant qui n'a été aimée de personne. Dans sa solitude et dans sa soif d'un 'Dieu sait quoi de pur', elle devient victime du vice du monde. Et la société a l'air d'ignorer ou de minimiser ce péché qu'elle a commis. Le désespoir gagne les enfants innocents.

Bernanos, s'éloignant un peu de la littérature, écrit en ces années de lutte, deux ouvrages polémiques. D'ûne façon explosive, il y exprime sa colère, sa haine et son dégoût pour le monde qu'il juge asservi. *La Grande Peur des Bien-Pensants* (1931) n'est qu'un discours dont le thème principal comporte une critique sévère de la bourgeoisie chrétienne et libérale. Sous prétexte de prudence, cette bourgeoisie a peur de s'engager selon ses croyances. Au fond, elle trahit sa foi par sa peur singulière et stérile.

Pendant la guerre d'Espagne, le fils de Bernanos s'engage aux côtés des franquistes. Bernanos, par son origine familiale, ne peut guère rester indifférent. *Les Grands Cimetières sous la lune* faire éclater l'indignation d'ûne conscience chrétienne vigilante. Il voit, pendant cette guerre pleine de crimes et violences, des chrétiens couvrir du signe de la croix un égoïsme de caste où l'Église se mêle.

Polémiste, Bernanos n'a pas toujours gardé la mesure. Son point de vue politique manque de fondements et de formes solides. Lorsqu'il critique, il ignore souvent la complexité historique des événements. Cependant, son intuition lui fait saisir le fond des choses. Et à partir de cela, il n'hésite pas à montrer le poing, sans se rendre compte toujours des conséquences. Au delà de sa démesure apparente, nous connaissons sa passion de la vérité et sa sincérité.

Les années 40

Une fois de plus, la guerre éclate. Les années 40 sont marquées par un besoin d'authenticité. Dans le champ de la philosophie, la phénoménologie et l'existentialisme s'affirment avec une vigueur nouvelle.

L'engagement est indispensable: Camus devient éditorialiste de *Combat*, Mauriac fait du journalisme dans le *Figaro*, et Bernanos polémique violemment contre les défauts du régime et contre les communistes.

La littérature française revêt alors une violence sans précédent. Le thème de la solitude s'alourdit. Plus que jamais, le sens de la vie est mis en question. *Le Mythe de Sisyphe* de Camus en est la meilleure illustration.

Au Brésil, Bernanos écrit entre 1939 et 1940 plusieurs essais et le journal intitulé *Les Enfants humiliés*, publié après sa mort. Ce journal comprend ses réflexions faites sur les événements du temps. Ses déceptions et ses pitiés débordent dans les pages.

D'autres recueils d'articles rédigés pendant son séjour au Brésil sont intitulés: le *Chemin de la Croix-des-Ames* et *La France contre les Robots*. Bernanos y critique la tendance à accorder la première importance aux découvertes techniques. Il pense que cette tendance déforme l'esprit et mécanise la civilisation.

Exilé, il peut difficilement garder la juste mesure pour juger de ses compatriotes. Sa simplicité n'est pas exempte de témérité. En plus des essais, il achève *Monsieur Ouine* et le publie l'année même où J. P. Sartre donne son œuvre, *L'Être et le Néant*. Bernanos nous y présente la physionomie d'un intellectuel plein de séduction et de cruauté.

Le langage qu'emploie Bernanos dans *Monsieur Ouine* est assez obscur. Mais le témoignage se situe toujours sur le plan spirituel et moral. La grande ligne qu'a tracée Bernanos se poursuit comme dans ses autres romans.

L'année avant sa mort, Bernanos nous offre *Dialogues des Carmélites*; c'est sa dernière œuvre et l'unique drame qu'il ait composé. Il s'agit de l'histoire de seize carmélites de Compiègne guillotinées à Paris le 17 juillet 1794. Cette histoire poignante a inspiré d'abord Gertrude Von Le Fort. Elle en a tiré une nouvelle romanesque, *La Dernière à l'échafaud*. D'après cela, Raymond Bruckberger a composé le scénario d'un film. Bernanos a lu cette nouvelle; au moment où on lui demande d'écrire le drame, il ne l'a pas sous la main. C'est à partir de la réalité historique et du scénario que Bernanos accomplit cette œuvre émouvante.

Le langage y est d'une concision et d'une plénitude admirables. On y voit comment Bernanos, au crépuscule de sa vie, a exprimé avec confiance ses propres inquiétudes et ses propres certitudes, à travers l'histoire de ces martyres. Il la revit, lui-même, certes, dans son âme. Une fois pour toute, il montre que la grâce de Dieu surpasse l'orgueil et les faiblesses humaines. Dieu guérit et sanctifie toutes les blessures de l'homme. C'est sur ce dernier cri de foi que s'éteint la voix de Bernanos.

CHAPITRE 2

Réalisme Bernanosien

Au point de départ, Bernanos s'appuie sur le monde réel. Son art recourt aux procédés romanesques les plus classiques; il aime la terre et les êtres. L'aspect réaliste est un des éléments importants de son style.

Le décor chez Bernanos est simple et suggestif. Il apparaît peu à peu à la conscience de ses personnages. L'écrivain se contente de mettre le lecteur dans l'ambiance voulue, à l'aide de touches légères. Les mots 'subjectif' et 'objectif' sont un peu ambigus. L'œuvre des auteurs réalistes ou naturalistes se veut objective. Nous pouvons nous demander si la vision d'un auteur est plus subjective que celle des personnages qu'il crée. Dans le *Journal*, Bernanos nous présente la vie d'un curé, son héros, pour qui le décor a un sens.

Lorsque le curé de campagne se promène sur la route de Gesvres, tout ne le frappe pas de la même façon. Voici ce qu'il écrit: "Je m'assois sur un tronc de peuplier oublié . . . La végétation lui fait une sorte de gaine que je trouve hideuse et jolie tour à tour selon l'état de mes pensées ou la couleur du temps . . . " Le décor dépend ainsi des impressions changeantes de l'auteur imaginaire du *Journal*.

Bernanos situe son roman dans une localité du Pas-de-Calais. Il évoque vivement la région du Nord de la France, notamment la terre d'Artois. Ambricourt est un petit village situé au centre de cette région.

Tout le paysage est vu et senti par le curé de campagne, personnage principal du roman. Nous regroupons ici ses remarques sur la région et le climat:

un pays de brume
    de pluies fines
    de bois et de pâturages coupés de haies vives,

plantés de pommiers
un ciel couvert, hideux
une petite bise aigre
Voici ses remarques sur le village, sa situation, ses aspects aux différentes saisons:
petit
tassé
misérable sous le ciel hideux de novembre
avoir l'air de s'être couché là dans l'herbe ruisselante
s'enfoncer dans la nuit
disparaître
attendre un maître à suivre après tant d'autres nuits passées
dans la boue
être là depuis des siècles, endurant le chaud, le froid,
la pluie, le vent, le soleil, accroché à ce
lambeau de sol dont il pompait les sucs,
auquel il rendait ses morts

La description est sommaire. L'ensemble est vague, sans détails précis et ressemble plutôt à une peinture impressionniste.

D'abord s'esquisse le cadre: bois, pâturages, haies, brume, ciel couvert, bise aigre . . . Le village serait le centre de la peinture; il est si ramassé que nous ne voyons que sa forme dans le crépuscule, qui, peu à peu, fait place à la nuit.

L'aspect réaliste de cette peinture se manifeste dans l'évocation du pays même. Les mots: pluies fines, brume, boue, brouillard, herbe ruisselante, ciel hideux etc. décrivent si bien le climat humide du Nord de la France. Nous avons l'impression que l'eau imprègne tout, pénètre tout.

Bernanos personnifie le village au moyen des verbes: s'être couché, attendre, endurer, pomper, render . . .

A travers les descriptions, nous rencontrons des mots de l'ordre du sentiment: aigre, hideux, misérable . . . Ce sont des mots qui révèlent l'attitude profonde du personnage, une attitude qui s'accorde étrangement bien avec la mélancolie vague et la tristesse sans cause que suscitent le climat et la région du Nord, dite une région mystique.[8] Le vocabulaire qu'utilise Bernanos pour évoquer la terre est à la fois réaliste et lyrique. La synthèse qui en résulte a souvent une tendance impressionniste. Or la préoccupation essentielle de Bernanos réaliste n'est pas: comment les choses sont-elles? Mais comment sont-elles vécues par ses personnages? Chez Bernanos, le décor vit. Quelques traits suffisent à nous exposer des tableaux mouvants, cinématographiques. La sensation générale se communique instantanément.

Voyons les notations sur le voyage du curé de campagne en motocyclette:

> J'ai vu le talus de la route foncer vers nous, puis fuir brusquement d'une fuite oblique, éperdue (p. 258).[9]
> L'immense horizon a vacillé deux fois, et déjà nous plongions dans la descente de Gesvres (p. 259).

Ici, la vitesse, la vitalité et un certain étonnement heureux sont visibles. L'effet impressionniste du style jaillit de l'emploi des verbes intransitifs: foncer, fuir, vaciller, qui donnent vie aux objets inanimés. Le verbe intransitif 'fuir' est précisé par un mot qui reprend l'idée nominale contenue dans le radical du verbe. Cet usage donne au débit de la phrase une rapidité sonore.

Le paysage symboliste

Une des notes caractéristiques de l'art de Bernanos, c'est que le paysage est pénétré de spiritualité.[10] Cela permet d'entrevoir, au-delà du monde réel, un monde spirituel, dans lequel sont engagés les personnages.

---

[8] Plusieurs poètes symbolistes sont originaires du Nord: Arthur Rimbaud, Paul Verlaine, Albert Samain . . .

[9] Georges Bernanos, *Journal d'un Curé de Campagne* (Paris: Plon, 1951). Les citations dans notre étude ont été faites d'après cette édition.

[10] Louis Chaigne, *Bernanos* (Paris: Ed. Universitaires, 1961), p. 117.

Le Style du Journal d'un Curé de Campagne

Pour Bernanos, le paysage ne nous est jamais indifférent. L'exemple suivant nous montre comment il participe à la vie des hommes et leur témoigne de sa solidarité.

Au début de la conversation entre le curé et la comtesse, celui-là voyait, par la fenêtre ouverte, à travers les rideaux de linon, l'immense pelouse fermée par la muraille noire des pins, sous un ciel taciturne. C'était comme un étang d'eau croupissante (p. 166).

Peu après, la comtesse adoucie, lui confiait ses souffrances. Le paysage n'était plus le même pour le curé; il voyait alors, à travers les vitres trempées de pluie, le parc, si calme, si noble, les courbes majestueuses des pelouses, les vieux arbres solennels . . . (p. 175).

Il semble bien que l'impassibilité de la nature est rejetée par l'auteur. Au contraire, la nature vit avec les hommes, respire avec eux et partage leur joie et leur peine jusque dans la profondeur de leur être.

Immense pelouse fermée, muraille noire, ciel taciturne, étang d'eau croupissante expriment merveilleusement l'état d'âme de la comtesse. C'est une âme qui souffre, seule, et qui se renferme sans désir de rompre avec sa solitude morne. De même, ce que voyait le curé dans la nature a un sens moral: *vitres trempées de pluie, le parc si calme, si noble, courbes majestueuses des pelouses, vieux arbres solennels* traduisent bien le changement heureux de l'état d'âme. Nous y sentons la paix, la sérénité et l'espérance.

Immense pelouse fermée s'est transformé en *courbes majestueuses des pelouses*. Les adjectifs *immense, fermée, majestueuses* prennent le sens à la fois propre et figuré. Le choix de ces adjectifs correspond à l'attitude interne des personnages. De *muraille noire des pins* à *vieux arbres solennels*, la transformation est analogue. Et *noble, calme* contrastent avec *croupissante, taciturne*. Tout cela forme l'antithèse des impressions.

Prenons un autre passage du roman: la description de la gare où le curé de Torcy parlait au curé de campagne, après l'enterrement du docteur Delbende. Ils discutent sur le suicide du vieux médecin.

Pris par le sentiment d'inquiétude, le curé de campagne voyait très peu de choses. La présence du paysage est réduite, au moment même de l'entretien et dans son souvenir:

La petite place déserte, avec sa double rangée de tilleuls, semblait beaucoup plus calme encore que d'habitude. Je me souviens d'un vol de pigeons passant régulièrement au-dessus de nous, à toute vitesse, et si bas qu'on entendait siffler leurs ailes (p. 129).

La petite place était toujours aussi déserte, aussi claire et à intervalles monotones, les grands oiseaux semblaient fondre sur nous du haut du ciel. J'attendais machinalement leur retour, ce sifflement pareil à celui d'une immense faux (p. 132).

Les deux récits descriptifs commencent par la même idée, la même impression: *la petite place déserte . . .* La répétition des termes souligne l'intensité du sentiment. *La petite place* évoque pour lui l'aridité de l'hiver et aussi l'aridité morale d'un être sur qui pèsent certains événements douloureux.

Le vol de pigeons est le seul mouvement en cet endroit. Alors que tout était calme, inactif, la bande d'oiseaux envahit la place, remplit son vide.

La description du lieu reflète l'état d'âme du curé de Torcy dont la tranquillité est dérangée, comme l'air de cette petite place est agité par le vol de pigeons. Le mal prend toujours un caractère violent, et écrasant. L'âme la plus ferme peut être troublée par son action aveugle.

Il y a une correspondance entre les passages descriptifs. Cette correspondance nous suggère la métamorphose intérieure des personnages. Chez Bernanos, le choix du décor n'est jamais arbitraire, pas plus que le choix du vocabulaire. Les mots sont recherchés, pesés et chargés d'une mission symbolique.

Les images, le ton mélancolique donnent au style un halo poétique; et la description simple, portant à la méditation, confère au langage sobriété d'expression et profondeur de pensée.

A ce sujet, nous pouvons choisir parmi les thèmes favoris de Bernanos, deux temps significatifs: la nuit et l'aube.

A son entrée dans la paroisse d'Ambricourt, le jeune curé se dit:

"Ce village était ma paroisse. C'était ma paroisse, mais je ne pouvais rien pour elle, je la regardais tristement s'enfoncer dans la *nuit*, disparaître . . . " (p. 10)

Ce mot *nuit* prend toute sa force dans la perspective de la *nuit* bernanosienne, qui, à travers le roman, engage le mot dans une situation pathétique. C'est le temps ou la durée d'une condition terrestre, misérable, ténébreuse et écrasée par les malheurs.

Ecoutons encore la voix murmurante du jeune prêtre désarmé, inadapté, ayant une intense humilité:

> Il est une heure: la dernière lampe du village vient de s'éteindre. Vent et pluie . . .
>
> Dieu! je respire, je respire la nuit, la nuit entre en moi par je ne sais quelle inconcevable, quelle inimaginable brèche de l'âme. Je suis moi-même nuit (p. 121).
>
> Cette nuit semble ne devoir jamais finir (p. 163).
>
> Le clair de lune fait dans la vallée une espèce d'ouate lumineuse, si légère que le mouvement de l'air l'effile en longues traînées qui montent obliquement dans le ciel, y semblent planer à une hauteur vertigineuse. Toutes proches pourtant . . . Si proches que j'en vois flotter des lambeaux, à la cime des peupliers. O chimères! (p. 160)
>
> La nuit m'a paru soudain plus noire, plus compacte, j'ai pensé que je tombais de nouveau, mais cette fois c'était dans le silence. J'y ai glissé d'un seul coup. Il s'est refermé sur moi (p. 238).

Telles sont les scènes nocturnes que nous présente le *Journal*. La *nuit* bernanosienne, symbole par excellence de la ténèbre morale et spirituelle, est caractérisée par les mots suivants: affreuse, noire, compacte, profonde, insondable, longue, jamais finir etc. Cette nuit est donc intense et mystérieuse. Mais elle est indispensable dans la vie humaine, et l'emploi fréquent de *de nouveau* suggère leur relation étroite et recommençante. Ce mot banal *nuit* exprime ainsi toute une expérience, tout un destin et toute la condition humaine. La *nuit* bernanosienne nous rend également au tragique d'une prison d'une obscurité foncière où 'la condition de l'homme est telle, dit le curé de campagne, qu'il ne saurait plus rien percevoir en lui et hors de lui que sous la forme de l'angoisse.'

Le champ du mot s'insère dans celui des autres thèmes importants du *Journal*: celui de l'aube, de l'ennui, de la souffrance, de l'angoisse, et celui de l'enfer. Il s'enrichit de toutes les valeurs qui lui sont attachées. De toutes celles aussi des thèmes auxquels il s'oppose. Ce signe banal en apparence engage ainsi tous les autres mots du roman. Chaque fois qu'on le rencontre, il éclaire le texte, le replace dans sa juste perspective, lui confère son juste poids des ténèbres morales et spirituelles.

L'évocation de la nuit et celle de l'aube vont de pair dans le *Journal*. Parmi les nombreux passages concernant l'aube, nous en citons deux:

> L'aube montait lentement à travers les vitres crasseuses de la sacristie, une aube d'hiver, d'une effrayante tristesse (p. 147).
> Je croyais entendre le grand peuplier qui, par les nuits les plus calmes, s'éveille bien avant l'aube (p. 304).

L'aube était d'abord froide et triste, parce que la nuit était dominante. Puis elle monte, dans un ciel d'hiver pur; malgré tout, elle monte. Elle est attendue par le grand peuplier qui passe maintenant des nuits calmes. Le premier rayon du jour est en vue.

C'est l'aube spirituelle, l'aube de la libération. La tristesse de la nuit a disparu. La vision de *voir flotter des lambeaux, à la cime des peupliers* n'est plus. Elle est remplacée par celle d'*entendre le grand peuplier qui s'éveille*.

Le vocabulaire de l'aube est encore plus sobre que celui de la nuit. Il est marqué d'une simplicité extraordinaire et même d'une limpidité qui fait de cette prose une poésie symboliste.

La description d'intérieur

Bernanos ne s'intéresse pas aux descriptions détaillées d'intérieur.

Son but n'est pas de préciser une réalité objective, mais d'évoquer l'ambiance dans laquelle se déroulent les activités.

Dans le *Journal*, les descriptions d'intérieur sont rares. Le seul exemple que nous puissions trouver, c'est le château du comte d'Ambricourt. Voyons ce qu'il y a à l'intérieur du château:

1. Locaux: vestibule, salon, salle à manger, petite pièce, salle de réception, chambre, galerie.

2. Tissus: rideaux de linon, rideaux de tulle, voile de mousseline, étoffe.

3. Matériel: table dressée pour la collation matinale, tasses, verre de Porto, sandwiches, tablette de la cheminée, feu, cendre, tisonnier, bûches dans l'âtre, siège, fauteuil, pendule, vieil éventail placé parmi d'autres bibelots, manche d'écaille, tablier.

Les notations éparses donnent l'impression du confort de la vie dans une famille aisée. Le vocabulaire est très sobre et l'énumération des choses, très simple. Mais cette description d'intérieur ne représente pas l'intérieur exact du château, ni l'état précis des objets, loin de là. Bernanos n'est pourtant pas ignorant des affaires pratiques. Seulement il n'a pas l'intention de tout décrire. Le vide qu'il laisse dans un tableau comme celui-là n'est pas désagréable au lecteur.

Parfois l'indication discrète de certains détails concrets, jointe au récit des événements, nous suggère fortement la vie des habitants du château: éventail brisé, bruit de verres choqués, bruit de vaisselle remuée. Par les épithètes ajoutés aux substantifs, nous apprenons que c'est une maison où la paix fait défaut.

Entre parenthèses, nous constatons que la maison est un symbole pour Bernanos. Nous avons essayé de grouper toutes les appréciations sur les maisons habitées par les personnages du roman: une maison résignée, funèbre (la maison du docteur Laville), une vieille caserne lépreuse (celle de Sulpice Timonnet), une maison ignoble (celle de Dufrety). La maison révèle les personnes qui y habitent. C'est le choix des adjectifs qui évoque l'état moral et même physique des habitants.

Nous pouvons dire, en fin de compte, que le tableau d'intérieur

offert par l'auteur est sans plan, sans ordre. C'est souvent le sentiment qui y domine et qui s'y exprime. La technique romanesque
adoptée par Bernanos en composant le *Journal* se situe aux antipodes
de celle des réalistes méticuleux du siècle dernier.

Le portrait

Dans le *Journal*, les portraits se constituent par les petites touches
successives et éparses. C'est le goût particulier de Bernanos que de
dessiner les êtres dans leur totalité. Il n'est pas un aspect de la
personne humaine qui ne soit pas observé.

Bernanos garde toujours sa prédilection pour le personnage du
prêtre. Le portrait du curé de Torcy est le portrait le plus important
du roman. Ce portrait est fait par le curé d'Ambricourt, bien entendu. D'ailleurs, tous les autres portraits de ce roman l'ont aussi
pour auteur. Le portrait du curé de Torcy:

corps:	robuste, presque vulgaire
épaules:	larges
air:	distrait
visage:	immobile, noble, pur, paisible, cher, vieux
	exprimant la fierté
	laissant voir sa souffrance et l'exprimant avec une
	franchise, une simplicité
yeux:	magnifiques, impérieux
	rendant la mort toute facile, toute simple
regard:	très bon, très doux, équivoque, inquiet
	regardant droit dans les yeux d'un air d'assurance et
	de commandement
	cherchant votre compassion, sympathie avec une
	noblesse
	ayant beaucoup de tendresse, inquiétude, anxiété
bouche:	ayant deux rides au coin de la bouche
	d'une tristesse
	d'une amertume surprenante

voix:	sombre, grave, sourde, forte, hardie
	altérée mais pas triste
	pleine d'une mystérieuse allégresse
	gardant un certain frémissement presque
	imperceptible,
	    comme celui de la joie intérieure,
	    comme de grandes eaux calmes au-dessus des
	    tempêtes

rire:	gros, bonhomme, courageux, brisé
mains:	belles, grosses, dures, larges, impérieuses, enflées par le diabète
pas:	ferme, un peu lourd

Le talent de l'écrivain excelle surtout à rendre certains aspects du corps où se révèle non seulement la psychologie, mais aussi l'état d'âme d'une personne. Ce sont le regard, le visage, la main et la voix. Bernanos ne s'appesantit pas sur tous les détails. Il choisit ceux qui éclairent l'ensemble de la personne.

Le vocabulaire de l'ordre moral est très développé: bon, noble, doux, cher, courageux, noblesse . . . etc. Ces mots ne traduisent pas l'état physique tel qu'il est, mais l'appréciation morale que l'on a de quelqu'un. L'emploi de ce vocabulaire révèle, à coup sûr, l'amitié entre les deux curés.

Le vocabulaire de l'ordre du sentiment se multiplie quand Bernanos veut caractériser ses personnages. Ce sont de nombreux substantifs abstraits: tendresse, inquiétude, anxiété, assurance, sympathie, compassion, joie, tristesse, amertume, colère . . . etc. Les impressions qu'exprime le curé de campagne à propos de son ami réalisent un portrait moral qui est une belle synthèse.

Les termes esthétiques ont une valeur plutôt subjective: belle, pur, vulgaire, magnifique . . . Nous pouvons nous demander comment les mains sont-elles belles? Comment les yeux sont-ils magnifiques?

L'effort de précision semble bien faible chez Bernanos. Nous avons quelques mots qui désignent la forme: (mains) larges, (rire) gros, (épaules) larges, (corps) robuste, (taille) haute . . . Ceux qui désignent la mobilité sont assez nombreux: (regard) devenu dur, (visage)

36

immobile, (visage) bleui, (traits) adoucis . . . etc. Le portrait physique est donc fait d'indications assez vagues. En ce cas, l'inclination réaliste de Bernanos ne semble pas très prononcée.

Cependant le pittoresque n'est pas exclu de son style. Dans les notations éparses sur Olivier, nous avons trouvé un portrait plein de lumières et de couleurs:

> M. Olivier était là devant moi, son chandail gris montant jusqu'aux oreilles, tête nue. Il a un visage calme, attentif, et des yeux si pâles qu'on n'en saurait dire la couleur exacte. Ils souriaient en me regardant (p. 255).
>
> Les yeux riaient dans son visage tendu, l'air dressait ses longs cheveux blonds tout droits sur sa tête (p. 258).
>
> Il s'était levé, m'enveloppait en parlant de son regard étrange, d'un bleu toujours aussi pâle, mais qui dans l'ombre paraissait doré (p. 270).

C'est une peinture impressionniste, faite de grandes lignes. D'un coup d'oeil, nous voyons les yeux qui rient, les yeux si pâles, d'un bleu toujours aussi pâle, mais qui dans l'ombre paraissait doré. Puis les longs cheveux blonds flottants . . .

Les portraits qui se trouvent dans le *Journal* ne sont donc pas des photos dans lesquelles l'on voit de façon complète la physionomie des personnages. Tous les éléments des portraits baignent dans un climat affectif et émotionnel.

Les portraits que Bernanos nous offre sont des portraits d'êtres vivants et dynamiques, des êtres avec qui l'auteur a vécu lui-même. Loin d'être statiques, les portraits s'apparentent un peu à l'art cinématographique, grâce à la mobilité des différentes parties du corps, des gestes des membres.

Comment la comtesse se tient-elle pendant la conversation avec le curé de campagne? Voici ce qui est noté:

regard: — (elle) a regardé le curé à la dérobé, en soupirant.
            — (elle) a dans son regard une espèce d'effroi.
            — regard égaré, surpris en plein mensonge
            — quelle lueur dans son regard

yeux:	— semblaient sourire.
	— semblaient noircir.
	— étaient fixes.
visage:	— exprimât autre chose que la gaieté, ou l'ironie.
figure:	— marquait la surprise, la méfiance, un entêtement inexprimable.
	— a pâli.
	— a bougé.
rire:	— (elle) a un sourire singulier, un sourire funèbre.
	— (elle) s'est mise à rire, d'un rire cruel, haineux.
voix:	— devenait criarde, traînant sur les dernières syllabes, sifflante, à peine plus rauque.
	— a fléchi.
	— tremblait d'impatience, d'énervement.
	— douce qui glaçait le coeur, prodigieusement altérée mais calme.
tête:	— (elle) a baissé la tête.
	— (elle) a jeté la tête en arrière.
	— la tête entre ses mains
mains:	— chiffonnant le rideau de tulle.
	— faisaient le geste de s'accrocher, de se soutenir à quelque chose d'invisible.
	— toujours serrée contre sa poitrine
bras:	— un bras pendant le long du corps, l'autre dressé par dessus sa tête.

Tous les mouvements extérieurs expriment l'attitude intérieure. Tous les changements subits manifestent clairement la complexité psychologique: les conflits, les luttes entre le moi révolté et le moi raisonnable.

Un procédé cher à Bernanos est de découper avec précision les réactions furtives des différentes parties du visage et du corps. Toute expression révèle l'état d'âme du personnage. Dans l'analyse des caractères romanesques, Balzac avait utilisé un système de correspondances psycho-physiologiques (tel trait psychologique correspond à telle caractéristique physiologique). Bernanos, lui, s'élève ici au-delà du plan psychologique. S'il fait appel à des notations physiologiques, c'est dans la mesure où celles-ci suggèrent une évolution spirituelle.[11]

Le vocabulaire recourt aux substantifs abstraits. En général, un substantif abstrait est plus expressif que l'adjectif correspondant parce qu'il caractérise plus complètement. Dans les passages des portraits, nous trouvons de nombreux substantifs abstraits précédés d'un article indéfini traduisant la manifestation d'un sentiment unique qui domine le sujet. Tandis qu'un substantif abstrait expliqué par le concret exprime la forte tension émotive et souvent une nuance superlative ou hyperbolique.

Le dialogue

La façon de s'exprimer est personnelle. Elle varie selon le tempérament et l'éducation de chaque individu. Les personnes cultivées possèdent leur syntaxe et leur style.

Nous examinons ici les caractéristiques du langage de nos héros dans le *Journal*, afin de nous rendre compte de l'art de Bernanos dans le dialogue.

Le curé de Torcy est d'esprit ouvert, passionné. Élevé dans une famille de riches paysans Flamands, il est généreux, plein de pitié pour les pauvres. Il a son point de vue à l'égard de la politique et de la société humaine. Il parle d'abondance et avec une certaine autorité qui semble vouloir s'imposer.

Le curé de Torcy parle vite et beaucoup, avec éloquence. Son langage est simple, spontané. Les expressions familières et même d'argot sont souvent les marques d'un homme plein d'énergie qui sait maîtriser sa langue, dominer la situation avec une figure souriante. Le mot *ficher* est son favori; avec le mot *ficher*, l'autre mot favori, *fichu*, se présente aussi assez fréquemment: *Fichez-moi la paix, on se fiche de lui, tu m'as l'air trop mal fichu . . .*

[11] Georges Bernanos, *Journal d'un Curé de Campagne* (Paris: plon, 1936), texte présenté par Michel Estève, p. 268.

L'appel direct est utilisé avec plaisanterie. Le curé de Torcy dit souvent à son jeune confrère: "Allons, nigaud, on vous a entendu . . . " "Et bien, mon gros, il y avait comme ça de mon temps. "

Ses exclamations prennent toujours la note particulière d'un sentiment intense. Lorsqu'il discute de l'État et des pauvres, sa colère monte au point qu'elle se cristallise dans un retentissant *bernique!* A travers ses conversations, nous trouvons de nombreuses expressions exclamatives, propres au curé de Torcy: *Bef. Dame! Parbleu! Vlan! Misère!*

Le curé de Torcy a un vocabulaire de riche paysan. Il s'attache beaucoup à son pays natal. Il dit volontiers: "Nous autres, mon petit, nous sommes des Flandres, un pays de gros buveurs, de gros mangeurs et riche . . . Vous ne vous rendez pas compte, vous les pauvres Noirauds du Boulonnais . . . " Il se sert des substantifs d'agent en suffixe *eur* qui soulignent l'habitude ou la manie, et ceux en suffixe *ant* qui portent un accent ironique.

Le vocabulaire populaire abonde dans la conversation du curé de Torcy: *jugeote, épater, croque-mort, marotte* etc. Des termes omnibus: *machin, chose,* reviennent très fréquemment.

Le dialogue du curé de Torcy est un dialogue hardi qui veut convaincre. C'est le langage d'une âme exaltée, brûlée du désir de la justice et du bien surnaturel, d'une âme qui lutte pour la vérité qu'elle conçoit confusément. Ses procédés d'insistance sont:

1. *La répétition et l'apposition*

C'est un procédé extrêmement cher au curé de Torcy que de répéter les mêmes termes pour accentuer sa pensée. Ce procédé ajoute souvent une nuance ironique. L'emploi de l'apposition a pour but d'insister sur l'objet dont il parle et de le préciser.

A propos d'une religieuse, sacristine têtue, il parle d'un ton spirituel mais non sans pitié: " . . . astique que j'astique . . . la malheureuse passait ses nuits à quatre pattes entre son seau et sa vassingue—arrose que j'arrose . . . Elle toussait, pauvre vieille! Le coeur a flanché et plouf! Voilà ma bonne soeur devant St. Pierre."

2. *L'énumération*

Dans le dialogue sur la société, le curé de Torcy utilise l'énumération de noms abstraits. Ses idées s'enchaînent, s'accumulent; ses paroles pèsent lourdement: "Tu entends l'hypocrite, le luxurieux, l'avare, le mauvais riche roucouler . . . "

3. *L'interrogation*

Le curé de Torcy ne permet pas que son interlocuteur intervienne avant que ses paroles ne soient achevées. Souvent c'est lui-même qui répond à la question qu'il a posée. Les mots monosyllabiques d'affirmation ou de négation, *oui* ou *non*, peuvent marquer les sentiments violents d'une manière absolue: "De mon temps, on formait des hommes d'église . . . oui, des hommes d'église."

4. *L'exclamation*

Toutes les exclamations ont valeur affective. Le langage du curé de Torcy en est bien marqué. Son exclamation s'exprime surtout sous deux formes: dans une proposition elliptique et à l'aide d'une interjection: "Mais quoi! Trois ou quatre cent mille francs, ça n'aurait fait qu'une flambée, dans ces mains-là!"

La parole du curé de Torcy est à la fois impérieuse et familière. Sa bonhomie n'atténue pas le fond sérieux de sa pensée. L'abondance des expressions populaires, les longues énumérations et les images intarissables confèrent au style du dialogue du curé de Torcy une allure fière, passionnée et nerveuse.

Le vocabulaire qu'il utilise semble parfois un peu cru. L'ensemble de son dialogue semble un peu touffu. Cela est peut-être causé par un échauffement artificiel qui fait de nombreux passages du dialogue des morceaux pamphlétaires.

D'une toute autre nature que le curé de Torcy, le curé d'Ambricourt réfléchit beaucoup, hésite avant de parler. Il est taciturne, distrait, rêveur. La conversation entre les deux curés semble un monologue du curé de Torcy. La tristesse et d'autres souffrances l'accablent sans cesse. Il n'est pas aussi bavard que son ami.

Le curé d'Ambricourt n'est pas souvent maître de ses paroles. Après les obsèques du docteur Delbende, l'entretien des deux curés a lieu dans une petite cabane. Le curé de Torcy dit: "Je ne peux pas t'accompagner chez toi—maintenant, de quoi aurions-nous l'air?" "Vous êtes venu pour moi!" répond le curé de campagne.

Ici, l'exclamation du jeune curé semble un peu déplacée. Plus loin, quand le curé de Torcy lui dit que sa mine n'est pas fameuse, il répond alors: "Je ne fais pas ma mine!"

Ses paroles sont toujours courtes, concises et d'un ton exclamatif. Les questions qu'il pose sont aussi simples que ses réponses. Les mots monosyllabiques ont pris tout leur sens, toute leur intensité sur les lèvres du curé d'Ambricourt. A propos de la mort de la comtesse, le curé de Torcy doute que le jeune curé soit déjà averti par le chanoine de la Motte-Beuvron. Il réplique d'un seul 'non'. Plus loin, le curé de Torcy lui demande: "Voilà tout ce que tu trouves à répondre?" Il réplique d'un seul 'oui'.

C'est dans ses conversations avec Chantal et avec la comtesse qu'apparaît surtout le côté didactique de son langage. Ses procédés d'insistance sont: l'emploi des images frappantes, l'appel direct à la personne à qui il parle, la répétition et l'interrogation.

Le langage est une chose toute personnelle. Bernanos a su donner à ses personnages ce que le langage parlé a de propre et de caractéristique marquant tel milieu, telle formation. C'est un des éléments principaux de l'art de dramaturge que possède Bernanos dans ses romans. Cela se manifeste davantage dans sa dernière œuvre, *Dialogues des Carmélites*.

En somme, Bernanos aime parler des hommes. Les personnages qu'il crée ont tous leur tempérament propre, leur psychologie propre et leur singularité morale et spirituelle. Ce qui importe avant tout, c'est la réalité interne, souvent ambiguë et paradoxale, mais qui fait de chaque individu un être particulier.

Le réalisme de Bernanos n'est pas celui de Balzac, ni celui du behaviorisme américain. Il est plus profond et plus complet. Il tente de faire connaître les hommes tels qu'ils sont par des éclairages intérieurs.

CHAPITRE 3

Expression de la Souffrance

La souffrance étant un des aspects essentiels de la vie humaine, Bernanos lui consacre une place importante dans son roman. C'est un phénomène universellement ressenti, un phénomène métaphysique.

Bernanos reconnaît la souffrance comme une réalité de l'homme. Et le courant de notre siècle soutient et approfondit ce thème d'une manière consciente. Bernanos réussit à l'exprimer non seulement avec toutes les sinuosités d'une psychologie 'nocturne', mais surtout avec compréhension et tendresse fraternelles.

Nos personnages dans le roman ont tous beaucoup souffert. Il y a des souffrances de tout genre: physiques, morales et spirituelles. La manière dont on souffre est très personnelle; elle varie selon la condition et l'attitude de chaque individu. Pourtant ces souffrances peuvent se manifester de façon analogue, les hommes étant fondamentalement semblables les uns aux autres.

La souffrance physique affecte l'état corporel. Son vocabulaire dans le langage courant s'identifie avec celui de la maladie. Dans le *Journal*, la plupart des personnages sont atteints de maladies. Le curé de campagne parle des siennes. La description de la souffrance physique des autres est rare et parfois équivoque.

Le curé souffre d'un cancer d'estomac sans le savoir, jusque peu avant sa mort. Il a noté au jour le jour ce qu'il a ressenti dans son corps. Nous avons ainsi la description complète de l'état d'un malade du cancer.

Le langage s'adapte entièrement à celui du profane. Même dans le diagnostic des médecins, nous rencontrons rarement des termes purement scientifiques.

Le curé a trente ans. Depuis les premières atteintes du mal jusqu'à la fin de sa vie, il en a pour environ neuf mois. La maladie s'aggrave progressivement; la bonne santé disparaît.

Quels sont les symptômes de sa maladie? Nous essayons de rassembler tous les éléments épars pour en constituer un seul tableau:

Douleur	— douloureuses crampes d'estomac
	— affreuses douleurs d'estomac
	— petite douleur au côté droit
	— l'impression d'une espèce de déclic, d'un spasme
	— douleur tenace
	— douleur . . . plus forte, plus angoissante
	— douleur au creux de l'estomac 'en broche'
	— douleurs horribles, intolérables
	— estomac capricieux
	— affreux mal
	— douleur violente à la hauteur de l'ombilic
Régime	— avoir supprimé la viande et le légume
	— ne pouvoir plus rien avaler
	— se nourrir de pain trempé dans le vin, pris en petite quantité
	— le jeûne
	— toujours le même menu: pain et vin
	— peu d'appétit
Hémorragie	— rendu beaucoup de sang
	— saignement de nez
	— un crachement de sang
	— vomissement . . . cracher un caillot de sang
	— flots de sang
Autres indices	— grelottant de fièvre
	— sommeil coupé de cauchemars
	— des insomnies
	— contraction de tout l'être autour de la poitrine
	— vertige, défaillance, rêveries
	— étourdissement
	— évanouissement
	— syncope
	— nausée perpétuelle

Expression de la Souffrance
— horriblement nerveux
— épuisement
— dissociation, émiettement
— mine funèbre

L'emploi du vocabulaire de gestes est très fréquent, particulièrement les substantifs avec le suffixe *ment*: vomissement, étourdisse-
ment, étouffement, évanouissement, écoeurement, émiettement etc.
Ces mots suggèrent par leur volume l'aspect ponctuel et l'importance
de la durée d'une action. Bernanos les utilise volontiers pour nous
révéler l'intensité inimaginable de la douleur physique.

Les souffrances du curé de campagne semblent suivre un certain
rythme. La répétition à travers le roman du mot *douleur* annonce
chaque fois le moment d'une tension nouvelle. Elle révèle discrète-
ment une note dramatique, et marque mystérieusement l'état moral
de notre héros dont la destinée échappe à lui-même aussi bien qu'aux
autres.

Le mot *douleur* désigne non seulement un mal physique qui dépasse la capacité de l'homme, mais aussi l'attitude d'une profonde
humilité chez celui qui le ressent. C'est un mot favori de l'écrivain
dans le roman. Voici les adjectifs qui qualifient ce mot: affreuse,
petite, tenace, forte, angoissante, horrible, intolérable, violente
. . . Ce sont des adjectifs de valeur subjective qui traduisent en même
temps les sentiments du personnage.

Le vocabulaire qu'utilise Bernanos ici est accessible à tout le
monde. Dans les récits nous ne voyons aucune expression médicale
recherchée, ni recherche savante dans la connaissance objective de
la maladie.

Bernanos connaît et décrit bien la maladie, sans d'ailleurs nous
noyer de détails. La langue est si sobre, si familière que nous nous
sentons comme des amis auprès du curé de campagne qui nous
communique ses souffrances avec des mots les plus simples.

Quels sont les rapports entre la souffrance physique et la souf-
rance morale? La réponse à cette question nous échappe. Cependant,

nous pouvons affirmer que certaines manifestations physiques révèlent des souffrances psychologiques, morales et spirituelles.

Bernanos observe l'être humain dans sa totalité. Les mouvements du corps, les fonctions des sens, les expressions fulgurantes du visage, des yeux . . . tout entre dans son domaine d'observation. Le vocabulaire qu'il utilise pour mieux traduire sa vision est choisi avec soin, étudié. C'est là que nous pouvons retrouver l'originalité et la richesse de son style.

Le sentiment de tristesse et d'angoisse domine l'ambiance générale du roman. Le curé de campagne, la comtesse, Chantal, Louise, le docteur Laville et le docteur Delbende l'ont tous ressenti. Ce sentiment s'exprime par les réactions physiques suivantes: pleurer, sangloter, gémir, crier, soupir, grimacer, trembler, pâlir, rougir, rire, balbutier, hoqueter, tousser, râler, suer, frissonner etc. Mais le sentiment de tristesse s'exprime surtout par le visage ou la figure, les yeux et le regard:

Visage	*douloureux*[12]
(ou figure)	sombre
	tendu
	défiguré
	torturé
	creusé
	plus meurtri
	bouleversé de rage
	flétri, presque vieillot
	habile à feindre
	s'obscurcir
	s'enténébrer
	laisser voir sa souffrance
yeux	gonflés
	volontairement éteints, morts
	se remplir de larmes

---

[12] Les mots en italiques sont les plus fréquemment employés dans le *Journal*.

Expression de la Souffrance

regard   usé, inflexible
sec, brûlant
vague mais fuyant, inquiet
fixé et comme voilé
devenu dur
si las qu'il donne envie de pleurer
baisser
de reproche, d'humble complicité
exprimant une grande angoisse
regarder d'un air de désespoir inimaginable
regarder d'un air triste
la mauvaise lueur s'est allumée dans le regard

Le vocabulaire qu'utilise Bernanos pour évoquer les souffrances humaines est d'une grande variété. C'est le résultat d'une recherche poussée dans l'expressivité.

En premier lieu, nous avons les adjectifs qualificatifs: douloureux, las, triste, étrange, haineux . . . Ce sont les adjectifs de sentiments qui traduisent directement la souffrance psychologique ou morale.

De nombreux participes passés sont employés comme des adjectifs qualificatifs: courbé, usé, voilé, étouffé, gonflé, défiguré, bouleversé etc. Ils suggèrent la souffrance accablante d'ordre moral, consciente ou inconsciente, chez un être dont le corps est impuissant et passif sous l'attaque du mal.

Pour décrire le visage et le regard, un vocabulaire exprimant l'obscurité est heureusement choisi: sombre, éteint, vague, ombre, noircir, s'obscurcir, s'enténébrer . . . Ces mots permettent paradoxalement d'éclairer les mouvements de l'âme les plus cachés.

Nous constatons que l'auteur a donné à ses personnages une vie physique telle que celle-ci traduit sans cesse leur psychologie et leurs tendances profondes. Il semble que, pour Bernanos, la souffrance physique ou la maladie corporelle n'est qu'une image de la souffrance morale ou psychique.

Pour décrire avec précision l'état moral ou psychologique des personnages, Bernanos dispose d'un vocabulaire fort riche. Prenons l'exemple du sentiment de la peur. Presque tous les personnages du

47

roman en sont atteints. Ensemble ils présentent toute une gamme de ce sentiment. Comment l'expriment-ils?

Nous avons d'abord la peur presque physique qui se manifeste dans les yeux ou sur le visage. C'est un sentiment assez superficiel. Bernanos lui donne le nom d'*effroi* ou de *chagrin*:

J'ai lu dans son regard une espèce d'effroi (p. 165).
Je voyais dans les glaces, les vitres, un visage qui semblait défiguré moins par le chagrin que par la peur . . . (p. 194).

Ce qui embrouille le calme intérieur de l'homme, c'est la *stupeur:*

Mon sang-froid n'était que stupeur (p. 296).
La pensée que cette lutte va finir, n'ayant plus d'objet, m'était déjà venue ce matin, mais j'étais alors en plein de la stupeur où m'avait mis la révélation de M. le docteur Laville (p. 317).

Pour l'attaque brusque du sentiment de la peur, l'auteur choisit *terreur, horreur* et *frayeur*:

Je me suis rappelé brusquement avec terreur que Madame la comtesse avait réglé la note le mois dernier. Que faire? (p. 164)
Je me sentais trembler de frayeur devant le regard indéfinissable . . . (p. 203)

Le mot *crainte* est utilisé pour désigner un sentiment passager d'appréhension:

Le vide fascine ceux qui n'osent pas le regarder en face, ils s'y jettent par crainte d'y tomber (p. 174).
. . . cette sorte de crainte presque maladive, que tout jeune prêtre éprouve . . . (p. 36)

La *crainte* de la mort est exprimée par une image:

Cela n'a duré qu'un instant. Je ne saurais à quoi comparer cette impression fulgurante. Le cinglement d'une mèche de fouet à travers le coeur. Peut-être? O sainte Agonie! (p. 253)

En dernier lieu, c'est le vrai sentiment de la *peur,* un état continu dans la profondeur d'un être:
Cette peur enfantine que j'ai de la souffrance des autres (p. 17).
Tel avare, un anxieux convaincu de son impuissance et dévoré par la peur de manquer (p. 134).

La différence entre la peur et la crainte semble nette pour Bernanos. Elles n'ont pas la même intensité psychique; la crainte semble plus superficielle que la peur. Un passage du roman nous éclaire sur ce point: "La peur de la mort m'a effleuré. Oh! sans doute, la pensée me revient souvent, et parfois elle m'inspire de la crainte. Mais la crainte n'est pas la peur. Cela n'a duré qu'un instant."

De plus, le tréfonds d'une personne peut être dominé par une inquiétude extrême qui est, pour Bernanos, l'*angoisse.* L'écrivain a recours aux images, puisqu'il juge que le langage est inapte à la traduire:

Car je ne luttais plus contre la peur, mais contre un nombre, en apparence infini, de peurs—une peur pour chaque fibre, une multitude de peurs. Et lorsque je fermais les yeux, que j'essayais de concentrer ma pensée, il me semblait entendre ce chuchotement comme d'une foule immense, invisible, tapie au fond de mon angoisse ainsi que dans la plus profonde nuit . . . (p. 280)

Au lieu d'analyser la psychologie d'une façon directe, Bernanos nous présente l'obscurité foncière que traverse souvent l'âme souffrante de ses personnages. Quelle est cette obscurité? Bernanos ne l'analyse pas non plus.

L'écrivain connaît certes ses héros. Mais il ne prétend pas être capable de définir leur état d'âme tout court. L'observation est plus intense au moment de les présenter. Il nous fait voir les êtres tels qu'ils lui paraissent et avec nous il les regarde de plus en plus attentivement. Dans l'attitude de l'écrivain nous sentons le respect des êtres. Ce respect se manifeste par la distance que garde l'auteur vis-à-vis de ses héros. Et cette distance est la marque d'un regard ou d'un grand souci d'objectivité.

Cependant toutes les manifestations extérieures sont délibérément interprétées par le curé de campagne. Elles sont soumises à son intelligence et à sa sensibilité à lui. Les lecteurs voient les êtres à travers la vision personnelle du curé. Le roman est donc vu sous un angle entièrement subjectif.

Néanmoins il n'y a pas de contradiction entre cette objectivité de l'attitude du romancier et cette subjectivité de la perspective du roman lui-même. Celle-là prouve la délicatesse de l'auteur et celle-ci, sa sincérité.

CHAPITRE 4

Vocabulaire des Milieux Divers

La France possède une langue littéraire et une langue populaire. La langue populaire est l'idiome parlé couramment par l'homme du peuple, celui qu'il tient de ses pères et qu'il entend chaque jour sur les lèvres de ses semblables. Le curé d'Ambricourt est né dans une famille pauvre. Son enfance est passée parmi les petites gens du village. Bernanos lui en donne le langage. Son journal intime, écrit d'abord pour lui-même, est un récit simple, facile à lire. C'est en quelque sorte un dialogue entre le moi conscient et le moi obscur, Les deux *moi* se parlent tout bas. L'emploi du vocabulaire populaire dans les récits fait deviner la franchise et la spontanéité de ses pensées.

Le jeune curé emploie *ça* au lieu de *cela* pour désigner des faits. Des mots familiers se multiplient dans ses récits: bricoler, gribouille, guignol etc. Sa façon d'écrire est aussi très familière:

Il tombait *une de ces* pluies fines . . . (p. 9)
C'est *une espèce de* poussière (p. 10).
Je me suis approché, *pas de beaucoup* (p. 249).

Les dialogues de tous les personnages offrent un vaste éventail du vocabulaire populaire. Nous avons par exemple: bougre, ragots, foutre, diable, avaler, salopard, flancher, garce, sale, foutre le camp etc. L'emploi de ce vocabulaire rend nos personnages plus vivants. L'auteur les insère dans la masse du peuple, en leur donnant leur langage propre et leurs vrais sentiments. Ils font partie de notre monde réel et nous les connaissons tous. Une question se pose à nous quand les visages de nos héros se confondent avec ceux des innombrables êtres de la vieille chrétienté: peut-être sont-ils nos propres images?

Le vocabulaire populaire qu'emploie Bernanos a donc une valeur fortement réaliste. Cela prouve sa connaissance bien précise des moeurs et du langage du peuple, qui donne au style du roman une vraie note d'objectivité. Mais les expressions familières prennent souvent une couleur affective et la simplicité y touche parfois à la désinvolture.

Le *Journal* est écrit à une époque où les événements politiques et religieux en France étaient douloureux. De graves problèmes se posent à la conscience des catholiques, y compris du clergé. D'abord membre actif de l'Action Française, ensuite s'en étant retiré, Bernanos avait pris position à l'égard de la politique de son pays. Ses sentiments se manifestent avec beaucoup de regrets, dans les paroles du curé de Torcy et dans celles d'Olivier.

Pour le curé de Torcy, l'institution sociale qui paraît inébranlable est en réalité la plus fragile. La société s'est condamnée à poursuivre la destruction d'un mal qu'elle porte en elle. Tel lâche n'est qu'un misérable écrasé sous l'immense appareil social, comme un rat pris sous une poutre, tel avare, un anxieux convaincu de son impuissance et dévoré par la peur de manquer.

Olivier a une vision politique qui rappelle celle du curé de Torcy. Il dit que la démocratie accoutumée à toutes les servilités, celle des généraux—ministres, réussit à scandaliser les avocats. Le curé de Torcy et Olivier ont les mêmes tendances dans leur attitude à l'égard de l'État et de la société. Leurs paroles sont poignantes, pénétrantes de la loyauté d'un esprit libre.

Le vocabulaire politique et social utilisé dans le roman est un vocabulaire à la fois technique et moral. C'est le reflet d'une époque où l'on recherchait avec ardeur une sociologie politique et religieuse.

Nos personnages choisissent très souvent des substantifs abstraits, des images ironiques pour donner plus de relief à leur pensée, la pensée d'un chrétien conscient du mal existant. Leurs paroles résonnent d'une intonation douloureuse, dans un style d'une grande franchise, mêlé d'un certain dédain en face des écrasantes laideurs du monde moderne.

L'œuvre de Bernanos a un caractère spirituel. Cela se voit par la recherche de la transcendance dans la vie de ses personnages. Le *Journal* est l'histoire d'un être qui tend vers un mystère. L'auteur y donne l'atmosphère de ce mystère dans laquelle s'accomplit le destin de son héros.

Les principaux personnages du roman étant des prêtres, nous rencontrons des mots et des expressions qui sont le propre des hommes d'Église. Ils sont du domaine biblique, liturgique ou de la vie religieuse. Ce vocabulaire crée une atmosphère religieuse dans laquelle se développent les pensées et les actions des personnages. Il intensifie le caractère profondément confessionnel du roman.

Dans les récits et dans les dialogues, nous avons un langage connu des chrétiens, ignoré des autres. En voici quelques exemples: le conseil de Saint Paul, être devant Saint Pierre, la malédiction portée contre Adam, en reposoir de la Fête-Dieu, le tribunal de Jésus-Christ etc.

Le vocabulaire biblique est aussi très vaste: Eve, Job, Patriaches, martyr, enfer etc. Les images qui ont leur source dans la Bible sont très nombreuses. Nous les étudierons particulièrement dans le chapitre huitième.

Le langage qu'utilise Bernanos pour exprimer certaines expériences mystiques mérite notre attention. Dans une défaillance pénible, le curé eut une vision hallucinante: l'image de la Vierge-Enfant se présentait sans cesse. Le curé écrit: "Comment exprimer cela? Je ne voulais pas que ce fût un rêve, et pourtant je me souviens d'avoir fermé les yeux. Je craignais, en levant les paupières, d'apercevoir le visage devant lequel tout genou fléchit. Je l'ai vu. C'était aussi un visage d'enfant, ou de très jeune fille, sans aucun éclat. C'était le visage même de la tristesse, mais d'une tristesse que je ne connaissais pas, à laquelle je ne pouvais avoir nulle part, si proche de mon coeur, de mon misérable coeur d'homme, et néanmoins inaccessible." (p. 237)

Dans le confessionnal, le curé a eu une autre vision: tandis qu'il fixait le trou d'ombre, le visage de Chantal apparaissait peu à peu, par degré. Le curé nous en fait part: "L'image se tenait là, sous mes yeux, dans une sorte d'instabilité merveilleuse, et je restais immobile comme si le moindre geste eût dû l'effacer." (p. 151)

Pour le curé d'Ambricourt, les visions ressemblent aux images. Mais le mot *image* perd son sens habituel, puisque son contenu est hors de l'ordre naturel.

Comment le curé a-t-il vécu ses visions? Il semble que chez lui, les activités des sens continuent, car il nous dit: "Je regardais ses mains . . .", "J'ai pris l'une d'elles . . .", "Je l'ai vu . . ."

Bernanos choisit les verbes de perception pour traduire les petits instants qu'a vécus le jeune curé devant les phénomènes extra-ordinaires, les instants glissés hors de l'orbite de la vie courante.

Or l'objet de la perception, l'image elle-même, dépasse le langage humain, limité par les conditions de l'action pratique dans le monde de l'espace et du temps. Sans doute, les mots sont insuffisants pour exprimer les réalités d'un ordre supérieur. Ils sont aussi insuffisants pour communiquer les expériences surnaturelles.

Bernanos emploie alors, avec simplicité, les substantifs abstraits: rêve, songe, certitude, suavité, innocence, instabilité etc., les adjectifs superlatifs: sublime, merveilleuse etc. et y ajoute les adjectifs avec préfixes *ir, im, in*: infini, inconnu, inaccessible, irréalisable, irrésistible . . . Les substantifs abstraits ouvrent ici des perspectives il-limitées qui permettent à l'esprit du lecteur d'entrer en contact avec les faits mouvants, expérimentés par le curé de campagne. Quant aux adjectifs superlatifs, ils qualifient parfaitement l'objet qu'aperçoit le curé dans une sorte d'extase. L'emploi des adjectifs qualificatifs avec les préfixes *ir, im, in* est un des procédés préférés de Bernanos. Ces adjectifs constituent les tours superlatifs qui qualifient les réalités en projetant l'idée au-delà de la limite des facultés humaines. D'ailleurs, par leur valeur spéciale de privation et de négation, ils indiquent une certaine pauvreté qui emmure l'intelligence humaine. L'emploi con-tinuel de ces adjectifs montre l'élan ou l'aspiration à un monde surnaturel chez le curé de campagne, et confère au langage du *Journal* un aspect mystique.

CHAPITRE **5**

Traces de la Présence de Bernanos

Dans le *Journal*, le vocabulaire qui touche à la profondeur de la conscience d'une personne est très développé. Nous croyons que la psychologie du romancier s'exprime plus ou moins dans celle de ses héros. Leur caractère et leurs réactions sont en général en relation étroite avec la personnalité de leur créateur.

Le *Journal* est écrit dans un langage riche d'expressions qui décèlent l'aspect intuitif de la psychologie des personnages, surtout du curé de campagne. Le pressentiment de la joie, du malheur, de la compréhension d'autrui et de la certitude soudaine des événements à venir, ne sont-ils pas ceux de l'auteur lui-même?

Que le champ du pressentiment est vaste! L'apparence des objets, les gestes des autres, les impressions immédiates, les états d'esprit . . . tout semble en rapport avec l'avenir proche ou lointain de celui qui pressent.

En effet, l'avenir n'est qu'un prolongement du présent. Celui qui pressent l'avenir, mystérieusement communiqué par le présent, possède la faculté particulière d'écouter les messages qui sont annoncés par des circonstances connues de lui seul.

Lorsque pour la première fois, l'incompréhension survient dans l'amitié entre le curé de Torcy et le curé de campagne, celui-ci se dit: "Nous avons l'air de nous dire adieu de loin, d'un bord à l'autre d'une route invisible." A son arrivée à la paroisse d'Ambricourt, le curé dit à lui-même: "Il (le village) m'aura comme les autres, plus vite que les autres sûrement."

Dans une grande et plénière angoisse du coeur et des sens, le curé écrit les lignes suivantes: "Impression que cela n'est rien encore, que la véritable tentation—celle que j'attends—est loin derrière, qu'elle

monte vers moi, lentement, annoncée par ces vociférations déli-
rantes. Et ma pauvre âme l'attend aussi."
    Le verbe *annoncer* est employé fréquemment pour exprimer ce
pressentiment. C'est un verbe actif qui traduit exactement le caractère extraordinaire de son complément d'objet direct et une certaine
passivité de la personne qui reçoit cette action.
    Bernanos excelle dans l'art du mouvement psychologique subtil
sans la moindre intention de l'analyser. Les mots employés dans le
domaine de l'intuition sont d'une grande simplicité.
    Nous avons ici les verbes de perception qui traduisent directement
ce qu'on ressent: sentir, se sentir, croire sentir, apercevoir, entendre.
Nous rencontrons aussi les verbes de sentiment indiquant l'attitude
morale devant la sensation perçue: jouir, regretter, crier etc. Quant
aux substantifs abstraits, ils sont également riches: dégoût, joie, con-
solation, illumination etc.
    Les phrases sont souvent à l'imparfait exprimant une réalité qui
dure, ou au passé défini indiquant l'accomplissement d'une action.
Dans le second cas, le pressentiment est déjà justifié au moment
d'être noté dans le *Journal*.
    Nous remarquons aussi les tournures qui plaisent à Bernanos: *avoir*
ou *avec l'impression; par* ou *avec un pressentiment*. Prenons en deux
exemples:

J'ai donc décacheté l'enveloppe avec le pressentiment d'une mauvaise
nouvelle . . . d'un enchaînement de mauvaise nouvelles (p. 47).
Et par un pressentiment que je n'explique pas, je comprends aussi, je
savais que Dieu ne voulait pas que je mourusse sans connaître quelque
chose de ce risque . . . (p. 256).

    Ajoutons aussi l'emploi des termes vagues: invisible, indéfinis-
sable, imperceptible . . . Tous ces termes suggèrent le contenu nébuleux d'un pressentiment.

La recherche de soi

L'homme se recherche lorsqu'il sait qu'il s'ignore. C'est une recherche dans l'abstraction. Le vocabulaire utilisé dans le roman est simple, spontané, accompagné des images familières. A propos du journal qu'il écrit, le curé se dit: "Devant ce cahier d'écolier, . . . ce n'est pas ma conscience que j'ai vue de ce regard intérieur . . . Il semblait glisser à la surface d'une autre conscience jusqu'alors inconnue de moi, d'un miroir trouble où j'ai craint tout à coup de voir surgir un visage—quel visage: le mien peut-être, un visage retrouvé, oublié." (p. 16)

Nous avons des tours adverbiaux qui traduisent des actions extrêmement rapides. Ce sont: tout à coup, d'un seul coup, brusquement, à mon insu etc. Avec une sensibilité raffinée, le curé saisit les réactions les plus fugitives.

Les adjectifs avec les préfixes *ir, in, im* et les suffixes *able, ible* etc. constituent les tours superlatifs qui rendent mieux la vie impalpable devant la réalité surnaturelle. Les interrogations traduisent des états d'âme: perplexité et doute.

Le vocabulaire de la contrainte

Avec le vocabulaire de la contrainte, nous touchons à l'aspect d'une obligation dans la conscience des personnages. C'est souvent cette obligation interne qui révèle l'attitude profonde d'un être.

C'est aux verbes d'interpréter des mouvements intérieurs. Les verbes qui remplissent cette mission sont:

1. *Ne pas s'empêcher de, ne pouvoir s'empêcher de*
   Mais ça ne m'empêche pas de détester cette conspiration universelle (p. 113).
   Cette détresse honteuse était si grande que je ne pouvais pas m'empêcher de grimacer (p. 194).
2. *Défendre, se défendre*

Mais il me semble que tu as tort de te défendre d'aimer une femme que tu as choisie (p. 307).

L'honnêteté, en ce cas, m'eût défendu de garder le silence (p. 225).

3. *Ne pas oser*

Je suis sorti sans oser lui serrer la main (p. 228).

Et elle (la poupée de chiffons) est restée là sur le dos, les bras et les jambes en l'air. Je n'osais plus les regarder, ni l'un ni l'autre (p. 257).

4. *Éprouver malgré soi*

J'éprouve malgré moi un dégoût presque insurmontable pour cette figure molle et ronde, ce front bas . . . (p. 101).

5. *Ne pouvoir réprimer*

Peut-être n'ai-je pu réprimer un mouvement de colère, de révolte contre cet inconnu . . . (p. 297).

Je n'ai pu réprimer un mouvement de dégoût, il m'a fallu un grand effort pour la prendre dans la mienne, et l'écarter doucement (p. 247).

6. *Feindre*

Elle feignait de tisonner le feu avec une attention passionnée (p. 165).

Je ne connaissais pas ma paroisse, et elle feignait de m'ignorer (p. 107).

7. *Ne pouvoir + un verbe pronominal*

Dans l'état nerveux où je suis, je ne pourrai d'ailleurs que me perdre en vaines excuses (p. 108).

Cette mauvaise mine, cette mine funèbre dont je ne puis naturellement me défaire (p. 247).

8. *Ne pas réussir + verbe*

Elle a eu un sourire singulier qui n'a pas réussi à détendre son visage contracté, un sourire funèbre (p. 189).

9. *Avoir toutes les peines du monde à se taire*

Il m'observait avec une telle vivacité d'attention que j'avais toutes les peines du monde à me taire (p. 223).

Ce sont les verbes qui traduisent souvent la réaction de la subconscience. Il semble que Bernanos les utilise volontiers pour exprimer la personnalité de ses héros.

Les tournures négatives—*ne pas s'empêcher de, ne pouvoir s'empêcher de, ne pouvoir réprimer* etc.—indiquent une contrainte impuissante à l'égard du sentiment au fond de l'âme. Ce sentiment a une qualité expressive qui fait céder la volonté, fondée sur des réflexes moraux. La réaction de cette contrainte est généralement trop rapide pour que la conscience puisse l'apercevoir.

Défendre et *se défendre* impliquent l'obligation et la crainte des principes moraux auxquels le personnage se soumet. Le sens du devoir et le respect de soi s'y rencontrent.

Le conflit violent entre l'émotion soudaine et la volonté de garder le moi harmonieux est évoqué par l'emploi de *ne pouvoir réprimer*. En ce sens, le personnage ressent vivement un mouvement de colère ou de dégoût.

Nous trouvons dans l'action de feindre un sentiment douloureux mais caché. L'amour propre veut diriger toute expression d'un être. L'intelligence renonce à sa responsabilité.

Les autres verbes de contrainte psychologique sont relativement plus faibles que ceux que nous avons cités ci-dessus. Le verbe *pouvoir* exprime la capacité. Les expressions formées avec *ne pas pouvoir* nous rappellent un effort inutile mais conscient au moment où se passe l'action.

En dehors de ces verbes, les tours nominaux se présentent fréquemment, par exemple: un mouvement de dégoût, de répugnance. En résumé, le vocabulaire de la contrainte psychologique témoigne du climat d'une grande probité du langage du *Journal*.

Le vocabulaire du sentiment paradoxal

Nous constatons dans le roman un accent sur la complexité de l'être. Cette complexité se reflète dans les sentiments paradoxaux des personnages.

L'incertitude de soi, des objets, d'un monde surnaturel, la perte du souvenir de ce à quoi on aspire, s'inscrivent dans la nature de certains êtres.

. . . cette nuit. Je me suis trouvé les yeux ouverts, dans le noir, et si heureux que l'impression en était presque douloureuse, à force d'être inexplicable (p. 272).

Dans le moment que je l'ai bénie, d'où me venait cette joie mêlée de crainte, cette menaçante douceur? (p. 218).

Le rapprochement des mots *heureux* et *douloureux, joie* et *crainte* décèle l'état mouvant de l'âme. Souvent les premières impressions positives font place aux secondes dans un éclair orageux. Pour peu, l'âme s'échappe. Dans la mer agitée, il n'y a plus un point de repère.

A propos des visites à domicile, le curé de campagne les a trouvées d'abord très consolantes. Mais il se demandait au même moment: "A quoi tient cette facilité soudaine des êtres et des choses? Est-elle imaginaire? Suis-je devenu insensible à certaines menues disgrâces? Ou mon insignifiance reconnue de tous, a-t-elle désarmé les soupçons, l'antipathie? Tout cela me semble un rêve."(p. 253)

Les sinuosités internes, les luttes obscures sont rendues accessibles au lecteur par le procédé des interrogations. C'est la voix murmurante de la conscience tiraillée et insatisfaite d'elle-même, inquiète de ce dont elle jouit. Ce qui lui manque, c'est une certitude humaine ou surnaturelle, et parfois la pitié de soi.

Bernanos utilise ici un langage simple; le monologue n'a pas besoin de vocabulaire compliqué. Les substantifs abstraits précédés d'un article démonstratif ou d'un article défini, les adjectifs de l'ordre du sentiment sont très courants. Ils réalisent bien la mission que leur a confiée l'écrivain: traduire les divers sentiments humains.

Catégories Grammaticales

Substantif abstrait

En général, un substantif abstrait est infiniment plus expressif que l'adjectif correspondant. Il permet de figer une attitude, de caractériser une physionomie, d'embrasser un paysage, d'ouvrir des perspectives illimitées.[1]

Bernanos utilise le substantif abstrait précédé d'un article indéfini, lorsqu'il veut exprimer avec précision la manisfestation d'une émotion dont l'intensité exclut, pendant une période brève, toutes les autres. Voici deux exemples:

Je suis rentré dans ma chambre exténué—une lassitude extraordinaire (p. 137).
Il semble gai, d'une gaieté convulsive, égarée . . . (p. 280).

C'est quand il emploie un substantif abstrait avec un verbe de sentiment que Bernanos obtient son maximum d'effet pour mettre l'âme du lecteur en contact direct avec le phénomène décrit:

Je ne sentais qu'une légèreté incompréhensible (p. 280).
J'éprouve devant elle une sorte de timidité stupide (p. 267).

Dans le Journal, Bernanos emploie aussi le groupe: préposition-substantif abstrait-épithète qui caractérise une attitude morale que l'adjectif ou l'adverbe, seuls, auraient été incapables d'exprimer.

[1] Henri J. G. Godin, *Les Ressources stylistiques du français contemporain* (Oxford: Basil Blackwell, 1948), p. 12.

61

Dans le roman, nous en trouvons de nombreux exemples, ce qui donne au récit une résonance éthique:

> Elle feignait de tisonner le feu avec une attention passionnée (p. 165).
> Parfois, l'illusion est telle que je regarde avec une sorte de terreur, une répulsion inexplicable (p. 352).

L'emploi des substantifs abstraits au pluriel est aussi très fréquent dans le roman. En effet, c'est le procédé qui rend le mieux les réactions et les manifestations psychologiques.

Dufrety dit au curé de campagne: "Avant six semaines, mon affaire sera au point, je connaîtrai les douceurs de l'indépendance." Dans cet exemple, le singulier du substantif *douceur* n'attirerait l'attention que sur l'état d'indépendance à l'égard de l'autorité ecclésiastique, tandis que le pluriel transmet toutes les tendances à la vie nouvelle chez un prêtre.

Voici d'autres exemples de cet usage:

> Lorsqu'on a connu la misère, ses mystérieuses, ses incommunicables joies . . . (p. 62).
> Dans l'état nerveux où je suis, je ne pourrais d'ailleurs que me perdre en vaines excuses (p. 108).
> A condition de le tenir scrupuleusement, matin et soir, mon journal jalonne ces solitudes . . . (p. 200).

Le pluriel des substantifs abstraits est capable encore d'exprimer les activités physiques, indices de certains états d'âme. Nous trouvons dans le roman un grand nombre de phrases où ce procédé est appliqué.

Sous la rubrique des substantifs abstraits, nous avons à constater un fait: l'emploi des substantifs avec suffixes *ment* et *issement*. Leur longueur et leur lourdeur évoquent l'intensité du sentiment, l'acuité de la douleur, ou l'importance des événements. Parfois leur sonorité aussi entre dans le jeu de la suggestion:

> Le même resserrement de l'âme
> Le grondement de joie sauvage

Le rugissement des entrailles
Un engourdissement de la pensée

Le *Journal d'un Curé de Campagne* est écrit dans un langage riche d'expressions qui décèlent l'aspect intuitif et moral de la psychologie des personnages, surtout du curé de campagne. Bernanos excelle dans l'art du mouvement psychologique sans la moindre intention de l'analyser. Il utilise volontiers les verbes de perception: sentir, se sentir, croire sentir, apercevoir etc. qui expriment directement ce qu'on ressent. Il utilise volontiers aussi les verbes de sentiment: jouir, réjouir, regretter, haïr etc. pour traduire l'attitude profonde de ses personnages devant une sensation perçue. Il va de soi que l'emploi de ces verbes entraîne celui des substantifs abstraits singuliers ou pluriels.

La sensibilité du romancier se révèle plus ou moins dans celle des êtres qu'il crée. Leur tempérament, leur réactions profondes et leurs pressentiments . . . tout est en relation étroite avec ceux de leur créateur. Certes, le substantif abstrait est un des meilleurs outils de Bernanos pour communiquer des sentiments profonds. Cela répond à son besoin d'originalité qui fait du style du *Journal* un art de sincérité.

Adjectif

Souvent l'emploi varié de substantifs entraîne celui des adjectifs qualificatifs. Nous avons tenté de montrer que les substantifs abstraits traduisent avec vigueur la psychologie et l'état d'âme. Pour renforcer ce moyen d'expression Bernanos a recours aux adjectifs.

1. Adjectifs qualificatifs avec préfixes *ir, im, in*

L'emploi de ces adjectifs a trouvé la faveur du romancier. Peut-être sont-ils les adjectifs qui, par leur caractère négatif, qualifient les choses en projetant la pensée au-delà de la limite des sens ou des capacités humaines?

La présence continuelle de ce genre d'adjectifs confère à l'atmosphère des différents épisodes du roman un aspect mystique et un horizon infini.

> Il était plaqué à mon flanc par une force irrésistible (p. 258).
> Chaque fois qu'un signe indéfinissable m'avertit . . . (p. 264).
> Lui, le village, il semble attendre aussi—sans grand espoir—après tant d'autres nuits passées dans la boue, un maître à suivre vers quelque in.probable, quelque inimaginable asile (p. 10).

Des exemples tels empliraient la page si l'on voulait.

2. Adjectifs et substantifs réunis d'une manière inhabituelle

Il est certains tours où le substantif et l'adjectif sont réunis d'une manière inhabituelle. L'explication de M. Cressot au sujet de termes en apparence incompatibles est valable pour le cas présent: "Le lecteur se trouve un instant dérouté, il est obligé de reconsidérer l'expression."[2]

Nous constatons dans les récits un accent spécial sur la complexité de l'être humain. Cette complexité se reflète dans l'ambivalence des sentiments du curé. L'âme s'interroge, avec embarras, devant le monde surnaturel auquel elle aspire, et devant sa destinée inconnue mais déjà pleine d'échecs. Ce qui lui manque, c'est une certitude. Voyons des exemples:

> Une miséricordieuse torpeur ne me permet pas encore de mesurer la gravité (p. 120).
> Dans le moment que je l'ai bénie, d'où me venait cette joie mêlée de crainte, cette menaçante douceur? (p. 218)

En effet, dans la vie spirituelle, il existe inéluctablement une certaine dialectique qui s'établit au plus secret du coeur de l'homme, entre le mouvement immanent de montée de la nature humaine et l'enchantement de celle-ci par la grâce divine.

A travers le monologue sincère du curé, nous entendons ainsi la

---

[2] Marcel Cressot, *Le Style et ses techniques* (Paris: Presses Universitaires de France, 1947), la partie du lexique.

voix murmurante d'une conscience tiraillée, et souvent inquiète de ce dont elle jouit. Nous assistons à ses nombreux combats qui sont finalement acceptés, soutenus. Bernanos choisit le groupement adjectif-substantif réunis d'une manière inhabituelle pour mieux mettre en relief la dialectique intérieure de son héros.

Nous rencontrons souvent, sous la plume de Bernanos, le groupement substantif-adjectif de la même famille. Il semble que Bernanos éprouve un certain plaisir à jouer ainsi avec les mots. Par là, il exprime son désir d'insister sur une idée ou de la préciser:

> Il semble gai, d'une gaieté convulsive, égarée, comme celle d'un homme qui déguise à grand'peine son impatience (p. 288).

Les substantifs sont caractérisés, à leur tour, par d'autres adjectifs qui modifient ou précisent la notion énoncée plus haut. Ils sont parfois caractérisés par une proposition-image introduisant la pensée dans l'abstraction.

3. Le déplacement de l'adjectif

Le déplacement de l'adjectif dans le roman prend différentes formes. Outre l'antéposition d'une seule épithète qui entraîne le sens figuré de l'adjectif, nous avons les procédés suivants qui retiennent notre attention:

a. Adjectif en équilibre dans une phrase

Cet équilibre est recherché, en général, dans une phrase qui contient deux substantifs qualifiés. Voyons comment ce procédé est mis en oeuvre:

1) Répétition—inversion

> Il me semble parfois qu'elle s'est retirée, qu'elle subsiste là où certes je ne l'eusse pas cherchée, dans ma chair, dans ma misérable chair, dans mon sang et dans ma chair, ma chair périssable, mais baptisée (p. 138).
>
> Cette mauvaise mine, cette mine funèbre dont je ne puis naturellement me défaire (p. 247).
>
> Il (l'enfer) n'est pas de ce monde, et moins encore du monde chrétien. Un châtiment éternel, une éternelle expiation (p. 181).

2) Alternance adjectif-substantif, substantif-adjectif (ou vice versa)
Le ciel clair, la fauve brume criblée d'or (p. 256).

Je m'étais reproché l'avant-veille d'avoir pris au sérieux ce qui n'était peut-être qu'obscure jalousie, rêveries malsaines, cauchemars . . . (p. 150)

Bernanos s'ingénie à créer les combinaisons harmoniques et musicales. Le goût du rythme et du balancement s'y manifeste. L'harmonie que crée Bernanos ici est donc à la fois sonore et formelle. Pourquoi donc cette harmonie?

En premier lieu, cela est dû à une inclination oratoire. Ces combinaisons se trouvent souvent dans les arguments d'ordre moral ou religieux du jeune curé qui veut convaincre la comtesse désespérée.

En second lieu, les adjectifs en équilibre dans une phrase, choisis par Bernanos, ont souvent un sens négatif (ex. misérable, périssable, funèbre, mauvaise, obscure, malsaine etc.) Il est évident que la beauté de l'harmonie créée par l'auteur et la signification portée par cette forme harmonique forment un contraste qui frappe fortement l'esprit du lecteur. Ce contraste est voulu par l'auteur pour accentuer le contenu didactique des paroles prononcées par le curé de campagne.

b. Adjectif détaché

Les Goncourt ont proposé de piquer l'adjectif d'une manière nouvelle, pour produire le choc dans l'esprit du lecteur. Bernanos exploite cet usage avec plaisir:

Mais ce rêve était sûrement au fond de moi, *intact* (p. 257).
Je l'entendais à peine, j'avais hâte de me retrouver dans la rue, *libre* (p. 287).
Le docteur Delbende a été trouvé ce matin à la lisière du bois de Bazancourt, la tête fracassée, déjà *froide* (p.122).

A mesure que nous lisons la dernière phrase citée, nous sentons chez nous une tension, un pressentiment du mal. C'est la fin de la phrase, grâce à l'adjectif piqué, qui nous révèle la réalité et qui nous choque.

Article

La valeur particulière de l'article indéfini précédant un substantif abstrait a été étudiée plus haut. Il nous reste à voir la valeur de l'absence d'article dans une phrase. L'absence d'article répond nécessairement à une intention. Les nuances affectives les plus diverses s'y trouvent souvent. Les exemples suivants permettent de voir comment Bernanos utilise ce procédé pour donner un rythme à certaines évocations.

> Tumulte d'idées, d'images et des sens. L'âme se tait. Dieu se tait. *Silence* (p. 143).
> *Nuit* affreuse (p. 103).

Dans les énumérations, plus spécialement dans les énoncés couplés, l'absence d'article offre la synthèse d'un élément confus:

> Il est une heure: la dernière lampe du village vient de s'éteindre. *Vent et pluie* (p. 121).
> C'était un mince filet d'eau limpide et maintenant cela déborde de l'âme, me remplit de fraîcheur. *Silence et Paix* (p. 317).

Bernanos supprime l'article avec discernement pour décrire l'état d'esprit du curé de campagne dans l'angoisse ou dans la tranquillité, car l'individualisation des éléments par un article nuirait à l'unité profonde de l'état d'âme.

Parfois les adjectifs précèdent les substantifs sans article et ainsi forment des nominaux que nous allons étudier dans le chapitre suivant.

Démonstratif

Le démonstratif a une valeur tout à la fois d'actualisation et de détermination. Nous étudions ici l'adjectif démonstratif et le pronom démonstratif.

L'emploi de l'adjectif démonstratif dans le roman possède diverses valeurs figurées: des valeurs emphatiques avec le sentiment de mépris ou de pitié.

> Mon Dieu, je ne me sens capable en ce moment que de vous offenser, mais ce n'est pas moi qui vous offense, c'est *ce* démon que j'ai dans le coeur (p. 148).
> Il me semblait que j'étais seul, debout, entre Dieu et *cette* créature torturée (p. 188).

Pour exprimer une réaction psychologique complexe, Bernanos donne à son personnage un langage très émotif. L'adjectif démonstratif est en faveur dans le récit des événements. Le curé se dit: "Mais je ne suis pas seul. Il y a en moi *cette chose* . . ." *Cette chose* s'applique au cancer ou à la mort. Il y a une ambiguïté qui augmente la tension et domine la situation embrouillée.

Dans le dialogue, nous avons l'adjectif démonstratif de valeur exclamative:

> Trois ou quatre cent mille francs, ça n'aurait fait qu'une flambée dans *ces* mains-là! (p. 130)
> Je ne crois guère opérable *cette* saleté-là (p. 296).
> Ce sont ces Flamands de l'extrême-nord, *ces* gars-là! (p. 61)

Le *Journal* est, en un sens, le dialogue d'une personne avec sa propre conscience. Incontestablement, il y règne une familiarité ainsi que dans une conversation d'amis intimes.

Par la nature même du récit, nous ne nous étonnons pas de la présence, ça et là, d'un langage familier. En effet, c'est là aussi un certain pittoresque que veut rendre l'auteur du *Journal*.

Le pronom démonstratif employé le plus fréquemment est le pronom neutre *ça*. *Ça*, sujet d'une forme simple ou composée d'un verbe, suivi d'un attribut ou d'un complément, est populaire. Il traduit parfois la crainte, le mépris ou la tendresse qu'inspirent les choses ou les personnes auxquelles il s'applique:

> Un petit fonctionnaire. Rien de plus docile que *ça*, de plus régulier (p. 61)
> Un homme instruit comme lui, *ça* n'est pas facile à soigner (p. 309).

La familiarité de langage que Bernanos prête au curé de campagne signifie à dessein sa simplicité et sa spontanéité. Le curé de Torcy parle un langage familier dans lequel l'emploi de *ça* montre la franchise de son amitié pour le jeune curé, mais aussi un manque d'estime pour celui-ci:

> *Ça* pleurniche au lieu de commander. *Ça* lit des tas de livres et *ça* n'a jamais été fichu de comprendre (p. 18).

Adverbe

Dans les récits, les adverbes avec le suffixe *ment* tiennent une place importante, bien qu'ils sonnent désagréablement aux oreilles. Un emploi spécial qui retient notre attention, c'est la catachrèse. Tout en occupant sa place normale dans une phrase, l'adverbe prend un sens figuré. Bernanos l'utilise pour traduire les réactions psychologiques de ses personnages:

> Je me sens horriblement bien (p. 122).
> Je me suis levé d'un bond, les tempes battantes, le cerveau terriblement lucide (p. 158).
> Je me suis figuré bêtement que mon coeur s'arrêtait de battre (p. 305).

Dans les deux premiers exemples cités, nous avons à poser la question: Pourquoi *horriblement bien* ? Pourquoi *terriblement lucide*? Les deux adverbes ici, ont-ils uniquement la valeur quantitative? Il semble que le personnage dans un état extrêmement nerveux revit le souvenir de sa souffrance physique et morale. Il s'étonne un instant de se trouver *bien* et d'être parfaitement conscient. *Horrible-*

ment et *terriblement* ne désignent donc plus la douleur physique, mais reflètent la réaction interne de l'âme dans une épreuve continue. Le dernier exemple montre par l'adverbe *bêtement* le mépris de soi.

Par sa suggestion discrète, la catachrèse laisse entrevoir, chaque fois, l'attitude du curé de campagne devant sa fragilité physique, son inexpérience et parfois devant la gaucherie de son témoignage. La catachrèse est un des procédés favoris de l'auteur imaginaire du *Journal*, par conséquent, de Bernanos lui-même. Sans analyse aucune, le curé laisse transparaître ses impressions et ses sentiments cachés.

De plus, les adverbes de manière nous suggèrent, par leur longueur, la durée ou l'intensité des mouvements intérieurs. Bernanos dispose du déplacement (position initiale ou plus souvent position finale) des adverbes dans une phrase, pour donner plus de relief aux sentiments de ses personnages.

Verbe

1. La voix

L'existence des verbes pronominaux pourrait témoigner de la richesse de la langue française en éléments expressifs. Bernanos en tire à bon escient. Le *Journal* offre un emploi particulier du verbe pronominal impressionniste.[3] L'emploi de ce verbe de nature souple et discrète donne des effets divers de style.

Bernanos utilise le pronominal impressionniste pour exprimer avec vigueur, l'activité intérieure physique ou psychologique de ses personnages ou pour évoquer une force morale de la société humaine. Il utilise cela aussi pour traduire un certain dynamisme dans des faits statiques:

Ma douleur d'estomac se réveille parfois (p. 144).

---

[3] Marcel Cressot, op. cit. p. 114.

Lorsque s'élève quand même la plainte demi-consciente de la jeune majesté humaine bafouée . . . (p. 139).

Le paysage ne venait pas à nous, il s'ouvrait de toutes parts, et un peu au delà du glissement hagard de la route, tournait majestueusement sur lui-même, ainsi que la porte d'un autre monde (p. 258).

2. Le mode

L'infinitif, n'ayant pas de valeur temporelle, exprime le concept d'un état ou d'une action. Il traduit le cri du coeur, le désir, le regret, le chagrin ou la colère. Bernanos l'emploie avec plaisir, surtout pour traduire les émotions de ses héros:

Parler le fatigue tellement! (p. 310)
Obéir? Vous la tueriez plutôt (p. 174).
Que dire, à son flanc? A la source même de la vie (p. 139).

L'infinitif est construit fréquemment en anacoluthe:

Et pour aboutir à quoi? (p. 292)
J'ai le souvenir d'un long monologue que j'écoutais sans le comprendre (p. 309).
Le doute de soi n'est pas l'humilité, je crois même qu'il est parfois la forme la plus exaltée, presque délirante de l'orgueil, une sorte de férocité jalouse qui fait se retourner un malheureux contre lui-même, pour se dévorer (p. 271).

L'emploi de l'infinitif dans le roman est un heureux procédé, le moyen par excellence d'aide-mémoire et de manifestations émotives. Cela donne au style une rapidité syntaxique qui avive la tension d'esprit du lecteur.

Le participe présent est très en faveur dans le style moderne. Sans valeur temporelle précise, il possède un champ très vaste dans le domaine de la description. Bernanos le choisit pour décrire les gestes des personnages ou les mouvements palpables des choses:

Elle m'a regardé plusieurs fois à la dérobée, en soupirant (p. 166).

En me regardant debout, mon ami a eu un mouvement de joie qui m'a touché (p. 315).

J'ai entendu tout à coup . . . le faible bruit d'un chapelet glissant le long d'un banc de chêne, sur les dalles (p. 146).

Dans les deux premiers exemples, le participe présent a une valeur descriptive, exprimant une action délimitée dans la durée. Ce procédé permet la rapidité du récit qui confère au style une clarté spéciale.

Le participe présent dans la dernière phrase citée indique une action passagère de façon très suggestive. Il y a donc une force d'évocation qui nous fait entendre le petit bruit du glissement. Cela nous fait sentir l'état de dépression où se trouve Louise qui laisse tomber son chapelet.

Il semble que Bernanos utilise ce procédé dans les récits où il veut marquer, à un moment précis, la perspective extérieure, ou le déroulement de la vie intérieure de ses personnages. Il est donc un excellent outil pour le décor et le portrait; il marque légèrement le penchant naturaliste de Bernanos.

Le mode conditionnel a une grande importance dans le *Journal* puisque ce mode traduit bien les sentiments avec un grand nombre de nuances. Nous allons en étudier les différents emplois trouvés dans le roman.

a. Le conditionnel exprime un fait éventuel ou irréel dont l'accomplissement dépend d'une condition. Ce conditionnel exprime donc un potentiel dans le futur:

Si je pouvais, je sortirais de cette maison. Cela me plairait de refaire à travers les rues vides le chemin parcouru ce matin (p. 320).

b. De même, ce conditionnel peut exprimer un fait présent ou passé soumis à une condition non réalisée:

S'il me restait assez d'argent, je prendrais le train pour Amiens (p. 279).

Si vous aimiez votre père, vous ne resteriez pas dans cet horrible état de révolte (p. 151).

Parfois la conjonction 'si' introduisant la condition est sous-entendue:

N'était la vigilante pitié de Dieu, il me semble qu'à la première conscience qu'il aurait de lui-même, l'homme retomberait en poussière (p. 218).
N'était cette maladie . . . je crois que j'en serais toujours au même point que toi (p. 306).

c. Le conditionnel marquant la modération du désir, du souhait ou de la volonté. L'emploi le plus fréquent du conditionnel dans le roman n'exprime pas la conséquence d'une condition. Marquant l'éventualité et et l'imagination, il s'emploie comme le mode des états émotifs:

Oh! Je voudrais bien que cela ne fût pas un rêve, un mauvais rêve! (p. 146)
Je voudrais maintenant que ma mort fût petite, aussi petite que possible, qu'elle ne se distinguât pas des autres événement de ma vie (p. 304).
Mon Dieu, je vous donne tout, de bon coeur . . . Si je ne sais pas donner, vous, vous savez prendre . . . Et pourtant j'aurais souhaité d'être une fois, rien qu'une fois, libéral et magnifique envers vous! (p. 303).

Cet emploi du conditionnel indique aussi le rêve, l'attente. Vers la fin de sa vie, le curé de campagne entre dans un état exalté d'anticipation de l'au-delà. Nous en trouvons des exemples:

Peut-être Dieu aurait-il accepté de moi le don sans prix d'une main qui ne sait pas ce qu'elle donne? (p. 320)
Supposons que cela se soit très bien passé: je serais peut-être à cette même place, écrivant comme je fais . . . Oui, sûrement . . . J'aurais tiré ce cahier de mon sac, j'aurais demandé la plume et l'encre, la même bonne me les eût apportées avec le même sourire. J'aurais souri aussi. La rue est pleine de soleil (p. 279).

3. Le temps

Dans le roman, le temps le plus utilisé est l'imparfait. En liaison avec le présent, l'imparfait suggère la durée d'une action qui est en train de s'accomplir. C'est le temps par excellence des descriptions, par sa nature particulière de continuité entre le passé et le présent. Bernanos l'a choisi pour traduire l'unité interne du roman, l'unité d'action, l'unité de l'état d'âme et l'unité du temps qui court.

Le curé de campagne note ses activités à mesure que le jour avance. Sa vie quotidienne n'est point isolée, au contraire, elle s'insère dans la ligne bien caractérisée de sa destinée où tout conspire à faire de sa vie une perpétuelle agonie. Tous les événements, toutes ses pensées s'enchaînent, se succèdent comme les ondes de l'eau courante.

Atteint d'un cancer d'estomac sans le savoir, le curé parle de son mal physique qui a un caractère aigu et tenace. Au jour le jour, il écrit ce qu'il ressent dans son corps. L'imparfait est en excellent outil pour exprimer la ténacité de sa maladie:

> Je me sentais simplement l'esclave d'une souffrance trop vive, ou plutôt du souvenir de cette souffrance, car la certitude de son retour était plus angoissante que la souffrance même,—et je la suivais comme un chien suit son maître (p. 238).
> Je luttais depuis dix minutes contre mon mal, mon affreux mal, qui n'avait jamais été plus pressant (p. 232).

Sans habileté ni clairvoyance dans la lutte pour l'existence et pour son apostolat, le curé est constamment étreint par l'angoisse. Mais il fait face toujours à ce monde qui se défie du spirituel. L'imparfait sert à traduire ses souffrances morales. Par sa valeur d'inachèvement, il est apte à exprimer la peur et l'hésitation chez le curé de campagne:

> Et ce village était ma paroisse! Mais je ne pouvais rien pour elle . . . (p. 10)
> Je savais que Dieu ne voulait pas que je mourusse sans connaître quelque chose de ce risque . . . (p. 256)

Le *Journal* est moins le roman d'un prêtre que l'histoire d'une paroisse avec son curé; et cette paroisse est en quelque sorte l'image réduite du monde qui a été jadis chrétien. Voici la méditation du curé sur son village, à travers laquelle transparaît sa vision du monde:

"Je ne puis oublier qu'il est là depuis des siècles, son ancienneté me fait peur. Bien avant que ne fût bâtie, au quinzième siècle, la petite église où je ne suis tout de même qu'un passant, il endurait ici patiemment le chaud, et le froid, la pluie, le vent, le soleil, tantôt prospère, tantôt misérable, accroché à ce lambeau de sol dont il pompait les sucs et auquel il rendait ses morts. Que son expérience de la vie doit être secrète, profonde! Il m'aura comme les autres, plus vite que les autres sûrement." (p. 51)

Il y a un accent mélancolique et un accent d'impuissance dans cette méditation. Le curé jette son regard dans le passé de sa paroisse dont l'histoire commençait bien avant le quinzième siècle. L'ancienneté de sa paroisse lui fait peur, ou l'ancienneté de la chrétienté lui fait peur. Pour lui, le passé n'est en réalité que le prototype du présent. L'emploi de l'imparfait nous suggère, par sa valeur durative, la continuité des réalités du passé et celles du présent. Ainsi se réalise l'unité du temps qui court dans le roman.

CHAPITRE 7

La Phrase

Selon l'ordre logique, le sujet se trouve au commencement d'une phrase. L'habitude a émoussé l'importance qu'on lui avait accordée. Pour accentuer son caractère exceptionnel surtout pour exprimer de vifs sentiments, un nouvel ordre naît spontanément. En fait, la phrase revêt souvent les couleurs et les formes diverses de la pensée dont elle naît. Les formules qu'utilise Bernanos dans le roman sont d'une grande variété:

1. Groupe sujet-verbe

a. Le sujet isolé par une virgule est renforcé par le tour *c'est*. Cette formule se présente notamment dans les paroles du curé de Torcy qui parle avec autorité. Il prend cette formule pour mettre l'accent sur sa pensée ou pour soutenir sa conviction:

La miséricorde, c'est l'affaire de Dieu (p. 134).
La seule justification de l'inégalité des conditions surnaturelles, c'est le risque (p. 133).

b. Le sujet en tête d'une phrase est précédé et suivi chaque fois d'un pronom personnel. L'emploi pléonastique du sujet, par la double présence d'un pronom personnel, confère à la phrase une forte émotion. C'est bien le ton du curé qui ressent, médite, parle avec une mélancolie impuissante à sa propre conscience:

Et lui, le village, il semble attendre aussi—sans grand espoir—un maître à suivre (p. 10).

c. Le sujet en position finale, anticipé par le tour *c'est*. C'est un procédé fréquent dans le roman. Nous le voyons souvent dans les passages dramatiques. D'ailleurs, l'aspect purement émotif est présenté en même temps par l'interjection:

Que c'est petit, un village! (p. 10)
Mais ce n'est pas très beau à voir, une vanité décomposée! (p. 243)

Certaines phrases sont construites au moyen de l'emploi pléonastique qui précède le sujet rejeté à la fin de la phrase:

Qu'elle est puissante, la parole d'un homme de Dieu! (p. 236)

La fréquence de cette tournure exclamative annonce sa valeur affective. L'isolement du sujet fixe avec acuité son importance dans l'esprit du lecteur.

2. Complément direct

L'ordre logique exige que le complément direct soit en troisième lieu dans une phrase. Pour éviter la platitude des fins de phrases ou pour donner plus de relief au complément direct, Bernanos intercale, entre celui-ci et le verbe qui le régit, un complément circonstanciel:

J'aurais souffert, depuis tant d'années, des humiliations ridicules (p. 175).
J'avais devant cette pauvre vanité à la torture, l'impression douloureuse que j'avais connue quelques jours plus tôt en présence de Mlle Louise (p. 307).
Car la moindre imprudence peut avoir, en cette matière, des conséquences effrayantes (p. 112).

Bernanos place le complément direct en tête d'une phrase et le rattache au verbe par un pronom. L'objet direct mis en vedette frappe d'emblée notre esprit:

L'impureté des enfants, surtout . . . je la connais (p. 112).
Son troupeau d'éclopés, elle le lave, le torche, le panse et finalement l'ensevelit (p. 73).

3. Inversion

Dans l'étude de l'ordre des mots, le procédé de l'inversion occupe une place importante. Sous la plume de Bernanos, la présence de l'inversion se trouve souvent auprès des adverbes et des conjonctions:

L'inversion à la suite des adverbes *sans doute* et *peut-être* présente un sens interrogatif. C'est souvent à soi-même que l'on pose la question dans un sentiment de doute, d'incertitude. Nous rencontrons ainsi les phrases avec inversion dans les récits où s'écoule un monologue méditatif. Le curé de campagne se parle à lui-même en pensant. Le procédé du monologue intérieur donne au lecteur la possibilité et la liberté de saisir ce qui ne se traduit pas par raisonnement logique. L'auteur n'intellectualise pas l'état d'âme de son héros. Mais l'aspect introspectif et même plus ou moins narcissique du style y est évident:

Sans doute étais-je cela en effet (p. 182).
Peut-être voulait-elle me blesser (p. 165).

Dans le dialogue, cette forme exprime une atténuation, une politesse parfois un peu trop recherchée. Dufrety désireux de montrer son oeuvre au curé de campagne lui dit: "Peut-être te lirai-je des pages . . ." Ici, on sent se cacher, par pudeur, une sorte de plaisir derrière la parole.

Outre cela, nous rencontrons l'inversion auprès de l'adverbe *à peine* qui, par sa valeur temporelle, attire le verbe pour exprimer la rapidité d'une action, aussi bien que les mouvements affectifs:

A peine puis-je tenir ma plume entre les doigts, mais il me semble que je respire mieux . . . (p. 207)
A cette heure, en cette saison, à peine le regard porte-il plus loin que les marches de choeur, et le reste est dans l'ombre (p. 146).

L'adverbe *encore* en position initiale rappelle une objection ou une considération antérieure, et retarde l'accomplissement d'une autre action, à cause de l'hésitation de celui qui parle:

Encore faut-il l'atteindre. (p. 244)

Comme l'adverbe à la place initiale dans une phrase, la conjonction en tête d'une proposition peut aussi jouer le même rôle d'attraction. Par souci d'élégance, pour éviter un ordre banal, elle peut être suivie d'une inversion.

Dans le roman, nous en trouvons peu d'exemples. Mais son emploi est si spontané qu'on n'y sent pas l'effort d'une recherche du style:

Il ne leur permet qu'une caricature grossière, abjecte, impuissante dont se doit régaler, sans jamais s'en assouvir, la féroce ironie de l'abîme (p. 161).

Elle tenait à la main une jatte de terre remplie d'eau, où nageait une espèce de chiffon, pas trop propre (p. 239).

L'emploi de l'inversion révèle la finesse de sensibilité des personnages et par conséquent, celle de l'auteur lui-même.

Construction nominale

Depuis Goncourt, il s'est formé le style de *Calepin*, un style télégraphique, qui expose, énumère les faits rapides et parfois dramatiques.

C'est une des caractéristiques du style de notre roman. Avec les tours nominaux, Bernanos nous présente la vie du curé, consommée dans le désespoir et l'angoisse tour à tour. Les luttes intérieures se déroulent devant nos yeux. Son procédé revêt de multiples formes:

1. Absence du verbe

La suppression du verbe dépouille la phrase de son aspect rationnel en vue de produire une impression dans toute sa force. Bernanos met les tours nominaux à la tête d'un paragraphe, lorsque l'intensité tragique risque d'être dépouillée par le verbe *être* incolore:

Nuit affreuse (p. 103).
Mauvaise nuit (p. 107).
Encore une nuit affreuse, un sommeil coupé de cauchemars (p. 128).

Les négations sans verbe expriment avec netteté les constatations:

Pas fameuse la mine, mon petit! (p. 17)
Nulle pitié de moi-même (p. 121).
Et cette fois aucun espoir de forcer l'obstacle ou de le tourner. (p. 121).

Des participes passés ouvrent les passages pour noter les menus événements. Les passages sont souvent terminés par des groupes nominaux composés de mots d'une ou de deux syllabes:

Reçu ce matin une nouvelle lettre de mon ancien camarade (p. 52).
L'âme se tait, Dieu se tait. Silence (p. 143).
Il est une heure: la dernière lampe du village vient de s'éteindre. Vent et pluie (p. 121).
. . . tout mon coeur tremblait d'angoisse. Rien (p. 118).

Par la chute rythmique, le style manifeste une allure nerveuse et angoissée qu'aucune expression verbale n'est capable de rendre avec tant d'intensité.

2. Préposition et nom abstrait

La construction nominale se forme au moyen d'une préposition et d'un nom abstrait:

Après sa mort, parbleu! (p. 262)
Je m'en suis rendu compte au tremblement de sa voix (p. 297).

3. Les verbes faibles et les substantifs composent les nominaux qui expriment les manifestations affectives:

Ses boutades font la joie des presbytères (p. 9).
Sa voix avait la même douceur (p. 294).

4. Infinitifs substantivés

Et pour aboutir à quoi? (p. 292)
Gagner sa vie! (p. 88)

Mentir aux malades est une nécessité de notre état. (p. 293).

L'effet pittoresque de cet emploi se justifie par la simplicité de sa forme.

5. Phrase nominale

Ce n'est pas parce qu'il manque des verbes que la construction est nominale. Mais l'essentiel de la notion est exprimé nominalement. Dans ce sens, les exemples de phrases nominales sont d'une rare abondance dans le roman:

La douleur elle-même se refuse (p. 121).
Le bruit court que . . . (p. 128)

Pour savoir l'importance du nominal dans le style du *Journal*, nous en étudions la fréquence dans ce roman:

a. Le passage initial (pp. 9–13) nous fournit:

phrases sans verbes	6 exemples
substantifs abstraits (toutes formes)	63 ex.
autres tours nominaux	5 ex.
total	74 ex.

b. Un passage concernant la prière pendant une crise de désespoir (pp. 118–122):

phrases sans verbes	12 ex.
substantifs abstraits	71 ex.
autres tours nominaux	4 ex.
total	87 ex.

c. Un dialogue entre deux curés (pp. 58–61):

phrases sans verbes	2 ex.
substantifs abstraits	14 ex.
autres nominaux	20 ex.
total	36 ex.

d. Un dialogue entre Olivier et le curé de campagne (pp. 263–269):

phrases sans verbes	12 ex.
substantifs abstraits	61 ex.
autres nominaux	5 ex.
total	78 ex.

En somme, les récits comportent légèrement plus de tours nominaux que les dialogues. Cela s'explique par le fait que la langue d'un journal a moins recours aux verbes, étant donné qu'on note la pensée et le sentiment quotidiennement et aussi par le fait que la plus grande part des actions de nos héros se situe au plan psychologique et moral. Quant à la langue des dialogues, elle ne se passe pas des verbes, notamment dans les questions directes.

Construction impersonnelle

Les constructions impersonnelles jouissent d'une grande faveur dans le style moderne, parce qu'elles traduisent parfaitement par leur valeur neutre, les mouvements de l'âme, les luttes intérieures. Chez Bernanos, l'importance de cet emploi se justifie par une heureuse et fréquente variété des formules:

1. Formules impersonnelles absolues: *il* (pronom impersonnel) + verbe impersonnel.

Il tombait une de ces pluies fines (p. 9).
Le ciel s'était couvert, il soufflait une petite bise aigre (p. 259).
Il presse aussi pour elle . . . (p. 319)

Ce sont les expressions les plus courantes qui notent les faits perceptibles, sur le plan temporel.

2. Tournures impersonnelles avec deux sujets: *il* + un substantif déterminant qui pourrait logiquement prendre la place du pronom impersonnel *il*. Cette formule est capable d'atténuer le sens de

l'action et de produire un effet d'imprécision, à cause de son double sujet. On peut se demander si le substantif déterminant est le sujet réel, responsable direct du verbe.

L'imprécision que procure ce tour impersonnel est voulue par l'auteur pour rendre le cadre des mouvements nébuleux. Par conséquent, l'atmosphère de l'ensemble est sous l'emprise d'une force inexplicable.

> A ce moment, il s'est passé une chose singulière. Je ne l'explique pas (p. 150).
> Et il s'est passé un autre petit fait que je rapporte avec l'autre, sans l'expliquer non plus (p. 153).
> Il est venu ici un vicaire de la paroisse, un homme très poli . . . (p. 310).

Dans certains cas, la tournure impersonnelle convient parfaitement à traduire la scène cinématographique:

> Cet estaminet où il ne vient personne (p. 281).
> Il venait d'entrer du monde, des ouvriers qui cassaient la croûte (p. 282).

On remarquera que les tournures personnelles correspondantes auraient beaucoup moins de clarté, tandis que les formes impersonnelles permettent de sentir d'abord le vide de l'estaminet et ensuite de voir venir du monde. Vaguement on entend un bruit, on voit enfin arriver des ouvriers qui cassaient la croûte.

Nous constatons que le verbe impersonnel peut être suivi d'un complément circonstanciel de lieu. Cela explique que l'impersonnel peut avoir une valeur locale et exprimer une certaine durée de l'action:

> Il s'est fait derrière moi un si terrible silence que je n'osai pas me retourner (p. 190).
> Il se passait en moi quelque chose d'inexplicable (p. 262).

3. Formules impersonnelles de valeur affective

Quand un pronom personnel se présente dans l'expression impersonelle, la valeur subjective y intervient:

> Il m'est très doux aussi de me dire que personne ne s'est rendu coupable à mon égard d'excessive sévérité (p. 316).
>
> Je n'ai pu réprimer un mouvement de dégoût, il m'a fallu un grand effort pour la prendre dans la mienne, et l'écarter doucement (p. 247).
>
> Il m'arrive d'en trouver d'agréables, mais sans partager le scrupule de quelques-uns de mes camarades du séminaire . . . (p. 154)

Le grand usage de cette formule dans le roman nous semble lourd parce que l'atmosphère affective est d'une telle intensité que nous sentons partout dans le *Journal* la présence envahissante de l'auteur lui-même.

4. Formules de valeur aphoristique

C'est une formule excellente pour introduire des vérités générales. On peut exprimer une constatation sans avoir l'air de s'y engager. *Il est* suivi d'un substantif au pluriel ouvre avec habileté des vastes perspectives sur la vérité humaine. *Il est* n'a pas de valeur locale comme *il y a*, gallicisme trop courant.

> Je n'ignore pas qu'il est bien des foyers comme le vôtre. (p. 183).
>
> Il est . . . certaines conjonctures auxquelles . . . un homme ne comprendra jamais rien (p. 167).
>
> Il est peu de confesseurs qui n'éprouvent . . . l'écrasante monotonie de ces aveux, une sorte de vertige (p. 141).
>
> Une mauvaise pensée. Il en est des mauvaises comme des bonnes: pour mille que le vent emporte, que les ronces étouffent, que le soleil dessèche, une seule pousse des racines (p. 183).

Il est est suivi aussi de substantifs au singulier. Dans le roman, cette formule est souvent négative: *il n'est pas*. La négation renforce l'affirmation d'une vérité générale:

> Il n'est pas si mauvais d'affronter Dieu . . . (p. 261)

Il n'est pas de famille qui puisse résister à la lente usure. (p. 205)
On ne possède réellement que ce qu'on désire, car il n'est pas pour
l'homme de possession totale, absolue. (p. 143)

Pour conclure, nous pouvons dire que l'emploi de l'impersonnel
dans le roman marque la tendance impressionniste du style.

Le rythme

Dans le *Journal d'un Curé de Campagne,* les phrases de rythmes
binaire et ternaire sont très nombreuses. Cela est dû, en général, à
une prédilection pour l'éloquence.

Le rythme binaire est un rythme de balancement et de symétrie.
Il donne l'impression d'équilibre de la phrase et de la pensée elle-
même. La phrase revêt spontanément la forme du mouvement de la
pensée dont elle naît. L'emploi de ce rythme montre l'inclination
oratoire et le goût d'une certaine harmonie sonore chez Bernanos.

Dans le roman, le groupement balancé se construit de deux mots,
deux groupes de mots ou deux propositions juxtaposées:

Elle est ⎰absurde
      ⎱dangereuse. (p. 149)
   La prière m'était à ce moment aussi indispensable
           ⎰que l'air à mes poumons
           ⎱que l'oxygène à mon sang. (p. 119)
⎰J'ai dormi d'un trait,
⎱je me suis réveillé très dispos, avec les coqs. (p. 242)
⎡Elle faisait taire en moi cette sourde rumeur de
⎢   voix ⎰confuses
⎢   ⎱ennemies, que j'entendais sans cesse depuis deux semaines,
⎣elle rétablissait⎰le silence d'autrefois,
            ⎱le bienheureux silence au dedans duquel
                    ⎰Dieu va parler—
                    ⎱Dieu parle . . . (p. 151)

Le rythme à trois temps semble privilégié dans le roman. L'intention oratoire apparaît davantage dans une phrase du rythme ternaire: les idées s'élèvent en crescendo comme la construction d'un édifice. Cela donne l'impression d'une stabilité majestueuse.

Rythme accéléré, il produit une cadence fort agréable à l'oreille. Dans les récits du roman, c'est le procédé par excellence d'insistance et de précision. Les formules ternaires sont multiples. Voici les exemples de trois mots et de trois termes:

Tout était ⌈calme,
        |facile,
        ⌊familier. (p. 170)

L'impression m'est venue tout à coup d'un effondrement
   ⌈ des rêves,
   | des espérances,
   ⌊ des ambitions de ma jeunesse . . . (p. 45)

Quand le groupement balancé se compose de trois propositions, le rythme ternaire permet aussi d'entrevoir les états d'âme du curé de campagne, par les mouvements extérieurs:

⌈ Je me suis levé,
| j'ai bu un verre d'eau et
⌊ j'ai prié jusqu'à l'aube.

La brièveté nerveuse des phrases traduit directement les successions rapides des actions et les changements subits sur le plan psychologique. Cette brièveté, souvent renforcée par l'ellipse ou le tour nominal, augmente la rapidité sonore des phrases. Nous obtenons alors un rythme haché qui correspond à celui de l'agitation intérieure ou de l'émotion soudaine. Dans le *Journal*, les exemples abondent:

La sueur ruisselait de mon front, de mes mains. J'ai fini par sortir. Le froid de la rue m'a pris. Je marchais vite (p. 280).
Il s'est tu. Je l'ai regardé, sans y penser, comme j'ai regardé Timonnet, ou Mademoiselle, ou . . . Oh! oui je sentais déborder de moi cette

tristesse . . . Mais lui, c'est un homme fort et tranquille, un vrai serviteur de Dieu, un homme (p. 228).

Le rythme haché nous permet d'entendre les soupirs ou les gémissements presque imperceptibles. Il nous mène au coeur du mystère dans lequel les tourments envahissent l'âme du curé de campagne. Avec ce rythme intérieur, contenu, haletant, le récit du monologue se déroule dans un langage concis et énergique.

Dans le roman, nous rencontrons aussi un rythme décroissant où un ample déroulement de la phrase se termine sur un membre très court qui résume la vision énoncée. Voici un exemple:

Jamais je ne me suis tant efforcé de prier, d'abord posément, calmement puis avec une sorte de violence concentrée, farouche, et enfin— le sang-froid retrouvé à grand-peine—avec une volonté presque désespérée (ce dernier mot me fait horreur), un emportement de volonté, dont tout mon coeur tremblait d'angoisse. Rien (p. 118).

Ce rythme suggère le sens du dramatique et même du tragique dans la vie du curé de campagne.

Syntaxe populaire

La langue telle que le peuple la parle est une langue vivante, authentique. C'est aussi du français correct en tant que français parlé. La syntaxe populaire s'est formée pour répondre à deux besoins: pour donner plus de force à l'expression, et pour atteindre à une certaine fluidité de la prononciation. Bernanos l'a respectée dans le dialogue de ses personnages pour rendre mieux tous les faits et toutes les circonstances.

1. Pronom
a. Le sujet est renforcé par un pronom:

La vérité, elle délivre d'abord, elle console après (p. 65).

b. Le sujet apparent *il* est absent:

Faut être juste!
Vaudrait mieux, vous ne trouvez pas? (p. 313)

Parfois le tour impersonnel *il est* est complètement rejeté:

Sûr et certain que je n'aurais pas été une compagne pour lui . . .
(p. 310).

c. Le pronom personnel garde souvent sa place archaïque:

Qu'on ne verra jamais un Suisse empanaché comme un corbillard, le
venir chercher au fond de l'église (p. 97).

d. Le pronom personnel *moi* se place en tête d'une phrase:

Moi, je n'ai pas de génie (p. 22).

e. *Nous, vous* sont parfois suivis de *autres*:

Vous ressemblez à n'importe lequel d'entre nous autres (p. 261).
Nous autres, commerçants, nous avons aussi nos devoirs d'état (p. 15).

f. Le pronom *ça* exprimant le mépris ou un autre sentiment a une
valeur chosiste:

Ça pleurniche au lieu de commander. Ça lit des tas de livres, et ça n'a
jamais été fichu de comprendre (p. 18).
J'ai vu ça au premier coup d'oeil (p. 261).

2. Adjectif
a. L'adjectif possessif à la place de l'article pour exprimer la violence d'émotion:

Il m'a pris ma main. (p. 12).

b. Les adjectifs s'emploient comme les adverbes:

Je m'en vais bûcher ferme toutes ces questions. (p. 44).
Ça rapportera gros. (p. 310).
Parler tranquille. (p. 312).
Le dernier soir, papa est rentré fin saoul . . . (p. 314)

c. *Mieux* et *meilleur* se confondent:

J'ai bien les moyens de me payer quelque chose de mieux (p. 23).

3. Adverbe
L' adverbe de négation *ne* est toujours absent en langue populaire:

C'est pas que ça m'amuse tant, les garçons! (p. 249)
J'ai jamais vu ça de mes yeux (p. 216).
Crainte que le père se réveille (p. 314).

4. Article
La présence de l'article rend le sentiment plus intense:

Crainte que le père se réveille (p. 314).

5. Préposition
Souvent la préposition est placée en fin de phrase:

C'est vous-même qui vous voyez en moi comme dans un miroir, et votre destin avec (p. 277).

6. Verbe
Le verbe ne s'accorde pas avec son sujet:

Ça n'est pas les prêtres qui manquent là-bas (p. 261).

7. Interrogation
L'inversion disparaît dans l'interrogation sans qu'il y ait adjonc-

90

tion de *ti, il, til* etc. Le mot 'diable' est employé dans l'interrogation dans laquelle l'inversion n'est pas supprimée:

Comment il est mort? (p. 262)
Mais pourquoi diable prodiguent-ils de tels hommages aux puissants de la terre qui s'en régalent? (p. 97)

8. L'emploi de *que*
Conjonction ou pronom, *que* est fréquemment utilisé dans la langue populaire. Il est placé partout où l'on veut.

Pourquoi ça? Pourquoi souffrir? *Qu*'ils disent tout . . . (p. 313)
Où *que* t'es, petite garce! (p. 241)

9. Syntaxe incorrecte

Que voulez-vous? *C'est malgré moi*, je ne me raisonne même pas. (p. 313)
Dans ces moments-là, je ne changerais pas ma place . . . (p. 313)
Petite fille, il me parlait sans cesse . . . (p. 152)
Tu ne peux même pas te faire épouser par ton curé, qu'il m'écrit, *faut* que tu sois devenue une pas grand'chose (p. 311).

CHAPITRE **8**

Images et Métaphores

Une image est constituée par trois éléments: l'objet dont on parle, la qualité commune et l'objet repère considéré comme le prototype de cette qualité. L'aspect intellectuel et subjectif est évident dans le choix ou la création de l'image. L'intelligence des liens qui retiennent les objets entre eux diffère selon l'expérience et la sensibilité de chaque personne.

Les images abondent dans le *Journal*. Nous examinons ici la nature de leur analogie afin de savoir comment Bernanos les a formées.

1. Analogie entre les concrets

J'attendais machinalement leur retour (des oiseaux), ce sifflement pareil à celui d'une immense faux (p. 132).
En se débattant, elle a découvert un peu au-dessus du mollet une grosse ficelle liée si fort que la chair faisait deux gros bourrelets, couleur d'aubergine (p. 251).

2. Combinaison du concret et de l'abstrait

. . . la nuit entre en moi par je ne sais quelle inimaginable brèche de l'âme, (p. 121).
J'allais me débattre dans un inexplicable réseau de demi-mensonge (p. 224).

3. Analogie d'action

J'étais hors d'état de les supporter, on aurait dit un filet de plomb fondu sur une plaie vive (p. 132).
L'esclave d'une souffrance . . . je la suivais comme un chien suit son maître (p. 238).

4. Analogie entre les objets inanimés et les êtres vivants

Il (le village) avait l'air de s'être couché là, comme une pauvre bête
épuisée (p. 10).
Les débris de la bouteille, on aurait dit . . . un animal immonde
(p. 226).

5. Analogie entre abstrait et concret

Mais l'espoir est une bête . . . une bête dans l'homme, une puissante
bête, et féroce (p. 294).
Ce rêve était au fond de moi, intact. Il était là dedans comme un soleil
(p. 257).

C'est le procédé qu'utilise Bernanos le plus souvent, pour nous
communiquer les sentiments profonds éprouvés devant le monde
invisible.

Bernanos a choisi toutes les catégories d'analogies possibles pour
former les images. Mais l'analogie entre l'abstrait et le concret semble
lui être la plus chère. Cela répond bien à son intention de nous révéler
un monde surnaturel.

Image et Syntaxe

Toutes les images ne sont pas présentées nécessairement au moyen
des adverbes banals, *comme, ainsi que* etc. D'autres moyens de présentation grammaticale peuvent traduire la pensée avec nuance et
subtilité.

Nous étudions la variété des moyens syntaxiques qu'offre le *Journal*. Commençons par le verbe:

1. Verbe présentateur

En général, les verbes présentateurs paraissent assez pesants dans
un récit. Nous avons dans le roman des verbes psychologiques:
penser, imaginer, croire, sentir, croire sentir, sembler etc. et des

verbes très faibles: faire, avoir, être etc. qui traduisent des manifestations familières et affectives:

Cela me *faisait penser* à l'immense rumeur des feuillages . . . (p. 276)
Ceux dont vous parlez *ressemblent* à des voyageurs en chambre (p. 276).
Ça me *fait* comme un grand murmure . . . (p. 313)
J'*avais l'impression* d'être un enfant fourvoyé . . . (p. 43)
Parfois j'*imagine* qu'il m'a cloué là-haut sur une croix . . . (p. 51)
Nous *avons cru sentir* la terre trembler . . . (p. 70)
Ils lui mettrons le feu au derrière . . . (p. 60)
Je te *traite de* va-nu-pieds (p. 72).
On te *prendrait* plutôt *pour* de la graine de moine. (p. 72)
Le vent de la course . . . il *était devenu* un couloir vertigineux, un vide entre deux colonnes d'air . . . (p. 258)
La bêtise cléricale . . . plus que la bêtise féminine dont elle *semble* le mystérieux surgeon (p. 89).
Les mots sifflaient dans sa bouche . . . , elle *avait comme* un hoquet . . . (p. 152)
Je suis presque heureux de ne pouvoir réfléchir: la féroce distraction de la souffrance est plus forte que l'angoisse. Je *pense à* ces chevaux rétifs . . . (p. 157)
Elle *avait l'air de* glisser sur une pente. (p. 171)
Il *a l'air d'*un revenant . . . (p. 61)
Je la (la contrainte) *sentais comme* trembler dans ma poitrine. (p. 155)
Et cette femme que vous haïssez, vous vous croyez bien loin d'elle, alors que votre haine et sa faute *sont comme* deux rejetons d'une même souche (p. 156).
Nous *avons* le feu au ventre (p. 293).

2. Métaphore verbale

Les métaphores verbales, dans lesquelles l'image n'est pas limitée au verbe, s'ouvrent sur des scènes pittoresques. L'emploi de ces verbes crée l'illusion qui s'empare de la conscience du lecteur:

Et encore je ne parle pas de ces saints ratés, incomplets, qui *fourmillent* autour des vrais, en sont comme la menue monnaie . . . (p. 80)

L'ennui les *dévore* sous nos yeux (p. 9).

Et ce que j'allais perdre si vite, je l'ai volontairement *enseveli* dans le sommeil . . . (p. 185)

L'emploi des métaphores verbales enrichit les idées que veut exprimer Bernanos par ses images.

3. Adverbe

a. *Comme*, adverbe de comparaison marquant l'identification plus ou moins exacte.

a) *Comme*, rattaché à un verbe et suivi d'un complément circonstanciel-image.

L'homme se regarde dans sa joie comme dans un miroir et il ne se reconnaît plus, imbécile! (p. 294)

Peut-être n'ai-je pu réprimer un mouvement de colère, de révolte contre cet inconnu qui venait tranquillement de disposer de moi comme de son bien (p. 297).

b) *Comme*, rattaché à un verbe et suivi d'un substantif-image.

Avec un peu de chance, vous mourrez debout, comme le fameux empereur . . . (p. 297)

J'étais couché au bord du vide, du néant, comme un mendiant, *comme* un ivrogne, comme un mort, et j'attendais qu'on me ramassât. (p. 121)

c) *Comme*, rattaché à un adjectif et suivi d'un substantif-image.

Est-ce que nous autres mères, nous ne donnons pas aux garçons le goût du mensonge, des mensonges doux et tièdes comme un sein? (p. 171)

Qu'on ne verra jamais un Suisse empanaché comme un corbillard (p. 97).

d) *Comme*, suivi d'un participe passé.

Je me sentais, comme pris au piège, au fond d'une trappe (p. 289).

. . . son regard impérieux avait comme cloué le dernier mot sur mes lèvres (p. 128).

e) Les propositions comparatives-images sont introduites par *comme* ou *ainsi que*:

Elie croit tout ce qu'ils lui disent . . . absolument comme une grenouille gobe une mouche (p. 149).

Des visages trop sensibles, trop changeants, habiles à feindre et qui se cachent pour jouir comme les bêtes se cachent pour mourir (p. 140).

f) *Comme* introduit une proposition comparative exprimant le caractère éventuel du passé. Dans le langage littéraire, le verbe au lieu de la forme ordinaire du conditionnel passé (conditionnel passé 2° forme), se met au plus-que-parfait du subjonctif:

Elle me jetait ces paroles comme elle eût craché un poison brûlant. (p. 175)

g) *Comme si* sert à introduire une proposition comparative conditionnelle qui se construit avec l'indicatif (l'imparfait ou le plus-que-parfait). Ce tour exprime un fait ou une réalité. Si la proposition comparative se construit avec le présent ou le plus-que-parfait du subjonctif, elle exprime alors l'éventualité ou l'hypothèse:

Je suis un trop pauvre homme. C'est comme si vous déposiez une pièce d'or dans une main percée (p. 190).

L'image se tenait là, sous mes yeux, dans une sorte d'instabilité merveilleuse et je restais immobile comme si le moindre geste eût dû l'effacer (p. 151).

b. Adverbes de qualité

a) *Autant que* introduit une proposition (image)

Elle se souciait autant des belles phrases qu'un poisson d'une pomme (p. 278).

Plus que introduit une proposition comparative (image)

Aujourd'hui vous êtes plus maigres que des chats perdus (p. 281).

. . . Un signe abstrait, qui ne ressemble pas plus à la foi, pour reprendre une comparaison célèbre, que la constellation du Cygne à un cygne (p. 138).

b) *Ainsi que* (conjonction de comparaison) suivi d'un complément circonstanciel (image):

Je tenais serré entre mes paumes le vieux livre auquel j'avais confié ma lettre, ainsi qu'à un ami sûr et discret (p. 195).

Et quand notre souffrance a passé de pitié en pitié, ainsi que de bouche en bouche, il me semble que nous ne pouvons plus la respecter ni l'aimer (p. 283).

c) *Si* introduit une proposition conditionnelle (image)

De quel effort n'eût pas été capable le cerveau de l'homme si la mouche empoisonnée n'y avait pondu la larve! (p. 142)

c. Adverbe de négation: *ne . . . que*

Qu'importe à Dieu le prestige, la dignité, la science, si tout cela n'est qu'un suaire de soie sur un cadavre pourri (p. 176).

Je n'ai d'abord été que cette étincelle, ce grain de poussière rougeoyant de la divine charité (p. 112).

d. Locutions circonstancielles

Ma stupeur, au contact de cette foule bruyante, ressemblait au saisissement de la joie (p. 280).

Il a haussé les épaules, de l'air d'un homme qui renonce (p. 223).

4. Substantif

a. Un ou deux substantifs (images)

Lorsque je fermais les yeux, que j'essayais de concentrer ma pensée, il me semblait entendre ce chuchotement comme d'une foule immense, invisible, tapie au fond de mon angoisse, ainsi que dans la plus profonde nuit (p. 280).

Mais elle serait partie sans comprendre, pour obéir une fois de plus à l'instinct de sa race, de sa douce race promise depuis les siècles des siècles au couteau des égorgeurs (p. 320).

b. Substantif suivi d'un complément du nom contenant une image

La chair faisait deux gros bourrelets, couleur d'aubergine (p. 251).

Son ombre si longue sur les dalles, avait la forme d'un arc (p. 147).

c. Métonymie

Le procédé descriptif de la métonymie est important dans le style impressionniste. Sa fonction est de nommer la partie pour évoquer l'ensemble. Bernanos ne s'en sert pas très souvent. Néanmoins nous rencontrons quelques fois des exemples qui renvoient à la personne:

Tu as dû comprendre depuis longtemps que j'avais quitté la soutane. (p. 88)

Un salopard de maître verrier qui faisait souffler dans les cannes des garçons de quinze ans et pour les remplacer quand leur pauvre petite

98

poitrine venait à crever, l'animal n'avait que l'embarras du choix (p. 60).

d. **Autres procédés**

a) Des substantifs (images) en apposition

Je me demande si les hommes ont jamais connu cette contagion de l'ennui, cette lèpre? (p. 11)

Étrange rêve, singulier opium qui, loin de replier l'individu sur lui-même, de l'isoler de ses semblables, le fait solidaire de tous, dans l'esprit de l'universelle charité! (p. 119)

b) Les attributs (images)

La pensée que cette lutte va finir, n'ayant plus d'objet m'était déjà venue ce matin, mais j'étais alors au plein de la stupeur où m'avait mis la révélation de M. le docteur Laville. Elle n'est entrée en moi que peu à peu. C'était un mince filet d'eau limpide, et maintenant cela déborde de l'âme, me remplit de fraîcheur (p. 317).

Nos domestiques sont de vrais singes et elle les croit sans reproche —'des gens très sûrs' (p. 152).

c) Des compléments-objets

Les blessures profondes . . . Mieux vaut parfois les laisser se cicatriser d'elles-mêmes, on ne torture pas un abcès naissant (p. 112).

Ma douleur s'apaisait peu à peu, mais je crachais sans cesse une eau tiède qui me paraissait avoir le goût des larmes (p. 238).

d) Sujet (image)

Ma petite Samaritaine levait sa lanterne à la hauteur de mon menton, pour mieux juger de son travail, je suppose (p. 240).

L'ignorance incompréhensible, l'ignorance surnaturelle de son coeur est de celles que garde un ange (p. 320).

e) Génitif de qualité

En levant la main pour la bénir, mon bras était de plomb. (p. 195)

f) Complément d'object direct (image), introduit par *on dirait*, ou *on aurait dit*:

Son cou s'est allongé démesurément et sa tête là-dessus paraît toute petite, on dirait une tête de rat (p. 301).

Rien de tout cela n'arrêtait le monotone ronronnement des bonnes soeurs, on aurait dit deux fileuses (p. 197).

g) Proposition (image), introduite par *on dirait que, on aurait dit que*:

On dirait que l'ennemi dédaigne de rester caché devant un si chétif adversaire, vient me défier en face, se rit de moi (p. 170).

Il a poussé du pied les débris de la bouteille, on aurait dit qu'il écrasait un animal immonde (p. 226).

5. Préposition

Alors qu'après bien des orages, je touche au port (p. 52).

Oh! Vous pouvez bien cacher aux misérables les vices de vos maisons, ils les reconnaissent de loin à l'odeur (p. 117).

6. Phrase complète (image)

Cet emploi fréquent sert à prolonger les images déjà énoncées antérieurement. Sans aucune présentation grammaticale, il suggère et frappe avec vigueur.

Le sien (le regard) cherche naïvement votre compassion, votre sympathie, mais avec une noblesse! Ainsi pourrait mendier un roi (p. 127).

Une malheureuse bête, sous la cloche pneumatique, peut faire tous les mouevements de la respiration (p. 186).

7. Autres formes

a. Interrogation exclamative:

. . . cette impression fulgurante. Le cinglement d'une mèche de fouet à travers le coeur, peut-être? (p. 253)

b. Monorhème

Si bêtes qu'ils sont! Des vrais chiens fous (p. 249).

Mon petit, cette grosse jument borgne! (p. 249)

En somme, les images qu'utilise Bernanos dans le *Journal* sont à la fois familières et intellectuelles. Elles offrent une perspective qui révèle un monde surnaturel. Par la plume du curé de campagne, le monde extérieur devient un monde intérieur et prend une couleur spirituelle.

Si Bernanos reste réaliste à certains points de vue, son réalisme est un réalisme fortement engagé. Cela se manifeste par sa subjectivité dans le choix de ses images. Son don de l'analogie et ses expériences personnelles se sont réunies pour donner naissance à des grandes métaphores évocatrices. La richesse des moyens de la présentation grammaticale confère à la langue du *Journal* une qualité spéciale: l'élégance.

Métaphores prolongées

Dans le *Journal d'un Curé de Campagne,* il y a au moins une vingtaine de métaphores prolongées dont la plupart sont tirées du monologue intérieur et de la parole du curé d'Ambricourt. Bernanos observe le monde réel et à partir de cela nous présente son univers imaginaire. Quelles sont les métaphores au moyen desquelles l'auteur veut atteindre son but?

1. Le monde est comparé au vieux père Job

Le bon Dieu n'a pas écrit que nous étions le miel de la terre, mon garçon, mais le sel. Or, notre pauvre monde ressemble au vieux père Job sur son fumier, plein de plaies et d'ulcères. Du sel sur une peau à vif, ça brûle. Mais ça empêche aussi de pourrir (p. 20).

2. Les misérables du monde sont comparés à un bétail

La plus grande somme possible d'ignorance, de révolte, de désespoir réservée à une espèce de peuple sacrifié, un peuple sans nom, sans histoire, sans biens, sans alliés . . . On peut les réduire à la condition d'un bétail mais d'un bétail supérieur, un quart ou un tiers du genre humain . . . (pp. 57, 60, 61)

3. Le village: une pauvre bête épuisée

De la côte de Saint-Vaast, le village m'est apparu brusquement, si tassé, si misérable sous le ciel hideux de novembre. L'eau fumait sur lui de toutes parts, et il avait l'air de s'être couché là, dans l'herbe

101

ruisselante, comme une pauvre bête épuisée . . . Et ce village était ma paroisse (p. 10).

Dans ce pays de bois et de pâturages coupés de haies vives, plantés de pommiers, je ne trouverais pas un autre observatoire d'où le village m'apparaisse ainsi tout entier comme ramassé dans le creux de la main. Je le regarde, et je n'ai jamais l'impression qu'il me regarde aussi. Je ne crois pas d'ailleurs non plus qu'il m'ignore. On dirait qu'il me tourne le dos et m'observe de biais, les yeux mi-clos, à la manière des chats (p. 50).

4. La paroisse: une bête, un troupeau

Mais je voudrais que le bon Dieu m'ouvrît les yeux et les oreilles, me permît de voir son visage, entendre sa voix. Sans doute est-ce trop demander? Le visage de ma paroisse! Son regard! Ce doit être un regard doux, triste, patient, et j'imagine qu'il ressemble un peu au mien lorsque je cesse de me débattre, que je me laisse entraîner par ce grand fleuve invisible qui nous porte tous, pêle-mêle, vivants et morts, vers la profonde Éternité . . . (pp. 38, 39)

Le curé de Torcy dit: "J'ai un troupeau, un vrai troupeau . . . du simple bétail . . . Du bétail, ni trop bon ni trop mauvais, des boeufs, des ânes, des animaux de trait et de labour. Et j'ai des boucs aussi. Qu'est-ce que je vais faire de mes boucs? Pas moyen de les tuer ni de les vendre . . . Boucs ou brebis, le maître veut que nous lui rendions chaque bête en bon état (p. 26).

5. a. L'ennui: un cancer

Ma paroisse est dévorée par l'ennui, voilà le mot. Comme tant d'autres paroisses! L'ennui les dévore sous nos yeux et nous n'y pouvons rien. Quelque jour peut-être la contagion nous gagnera, nous découvrirons en nous ce cancer. On peut vivre très longtemps avec ça (p. 9).

b. L'ennui: une espèce de poussière

Le monde est dévoré par l'ennui . . . C'est une espèce de poussière. Vous allez et venez sans la voir, vous la respirez, vous la mangez, vous la buvez, et elle est si fine, si ténue qu'elle ne craque même pas sous la dent. Mais que vous vous arrêtiez une seconde, la voilà qui recouvre votre visage, vos mains. Vous devez vous agiter sans cesse pour secouer cette pluie de cendres (p. 10).

c. L'ennui: la véritable condition humaine, la lèpre

On dira peut-être que le monde est depuis longtemps familiarisé avec l'ennui . . . Possible que la semence en fût répandue partout et qu'elle germât ça et là, sur un terrain favorable. Mais je me demande si les hommes ont jamais connu cette contagion de l'ennui, cette lèpre? (p. 11)

6. L'injustice: une bête

Tu appartiens à une race d'homme que l'injustice flaire de loin, qu'elle guette patiemment jusqu'au jour . . . Il ne faut pas que tu te laisses dévorer. Surtout ne va pas croire que tu la ferais reculer en la fixant dans les yeux, comme un dompteur! Tu n'échapperais pas à sa fascination, à son vertige (p. 73).

Lorsque je rencontre une injustice qui se promène toute seule, sans gardes, et que je la trouve à ma taille, ni trop faible, ni trop forte, je saute dessus, et je l'étrangle (p. 130).

7. Les passions sont comparées à des bêtes qui dévorent des milliers d'innocents, et lorsque la Providence, par miracle, ménage quelque asile où puisse fleurir la paix, les passions viennent s'y tapir en rampant, et sitôt dans la place, y hurlent jour et nuit comme des bêtes . . . (p. 176)

Il y a dans toutes les maisons, même chrétiennes, des bêtes invisibles, des démons. La plus féroce était dans notre coeur (p. 152).

8. L'épaisseur de péché: la terre

Le sol qui nous semble si ferme, si stable, n'est réellement qu'une mince pellicule au-dessus d'un océan de feu liquide et toujours frémissante comme la peau qui se forme sur le lait prêt à bouillir . . . A quelle profondeur faudrait-t-il creuser pour retrouver le gouffre d'azur? (p. 90)

9. Les sept péchés: une troupe de loups

L'orgueil, l'envie, la colère, la luxure même, les sept péchés capitaux faisaient chorus, hurlaient de douleur. Tu aurais dit une troupe de loups arrosés de pétrole et qui flambent (p. 71).

10. L'espoir: une bête puissante et féroce dans l'homme.

Mieux vaut la laisser s'éteindre tout doucement. Ou alors, ne la ratez pas! Si vous la ratez, elle griffe, elle mord (p. 294).

11. La pensée: la semence du mal et du bien.

. . . une mauvaise pensée. Il en est des mauvaises comme des bonnes: pour mille que le vent emporte, que les ronces étouffent, que le soleil dessèche, une seule pousse des racines. La semence du mal et du bien vole partout . . . (p. 183)

12. La virilité: un germe étouffé

On nous accuse . . . de nourrir au fond de notre coeur une haine envieuse, hypocrite, de la virilité: quiconque a quelque expérience du péché n'ignore pas pourtant que la luxure menace sans cesse d'étouffer sous ses végétations parasites, ses hideuses proliférations, la virilité comme l'intelligence. Incapable de créer, elle ne peut que souiller dès le germe la frêle promesse d'humanité . . . (p. 142)

13. La communion des pécheurs: un lac de boue gluant

Dans la haine que les pécheurs se portent les uns aux autres, dans le mépris, ils s'unissent, ils s'embrassent, ils s'agrègent, ils se confondent, ils ne seront plus un jour, aux yeux de l'Éternel, que ce lac de boue toujours gluant sur quoi passe et repasse vainement l'immense marée de l'amour divin, la mer de flammes vivantes et rugissantes qui a fécondé le chaos (p. 156).

14. L'Église: un homme, une troupe de soldats

L'Eglise a des nerfs solides, le péché ne lui fait pas peur, au contraire. Elle le regarde en face, tranquillement, et même, à l'exemple de Notre-Seigneur, elle le prend à son compte, elle l'assume (p. 27).

Elle marche à travers le temps comme une troupe de soldats à travers des pays inconnus où tout ravitaillement normal est impossible. Elle vit sur les régimes et les sociétés successives ainsi que la troupe sur l'habitant, au jour le jour (p. 108).

Elle est à la recherche du Pauvre, elle l'appelle sur tous les chemins de la terre. Et le Pauvre est toujours à la même place, à l'extrême pointe de la cime vertigineuse en face du Seigneur des Abîmes qui répète inlassablement depuis vingt siècles, d'une voix d'ange, de sa voix sublime, de sa prodigieuse Voix: "Tout cela est à vous, si vous prosternant, vous m'adorez . . . " (p. 109)

15. Le commerce: une sorte de guerre

Un soldat, sur le champ de bataille, ne se considère pas comme un homicide. Pareillement le même négociant qui tire de son travail un bénéfice usuraire ne se croit pas un voleur, car il se sait incapable de prendre dix sous dans la poche d'autrui (p. 82).

16. Le curé d'Ambricourt: un soldat

Le curé de Torcy dit au curé de campagne: "Si tu n'as pas beaucoup d'épaules, tu as du cœur, tu mérites de servir dans l'infanterie . . . On ne t'a pas construit pour la guerre d'usure. Marche à fond et arrange-toi pour finir tranquillement un jour dans le fossé sans avoir débouclé ton sac." (p. 72)

17. La prière: une musique

Si telle symphonie de Beethoven, telle fugue de Bach le laisse froid, s'il doit se contenter d'observer sur le visage d'autrui le reflet des hautes délices inaccessibles, n'en accusera-t-il pas que lui-même? (p. 120)

18. La jeunesse du curé d'Ambricourt est comparée à une personne.

Voici le soliloque du curé: "Je crois reconnaître son visage, un visage oublié. Elle me regarde aussi, elle me pardonne. Accablé du sentiment de la maladresse foncière qui me rendait incapable d'aucun progrès, je prétendais exiger d'elle ce qu'elle ne pouvait donner, je la trouvais ridicule, j'en avais honte. Et maintenant las tous deux de nos vaines querelles, nous pouvons nous asseoir au bord du chemin, respirer un moment, sans rien dire, la grande paix du soir où nous allons entrer ensemble." (p. 316)

19. La mort: l'abîme

Attendez, attendez le premier quart d'heure de silence. Alors ils l'entendront, la parole qui monte de l'abîme: "Je suis la porte à jamais close, la route sans issue, le mensonge et la perdition." (p. 30)

20. La parole de Dieu: un fer rouge

La parole de Dieu! c'est un fer rouge. Et toi qui l'enseignes, tu voudrais la prendre avec des pincettes, de peur de te brûler, tu ne l'empoignerais pas à pleines mains? (p. 65)

21. La simplicité: un fer, une torche

Que voulez-vous, mon enfant, ces gens ne haïssent pas votre simplicité, ils s'en défendent, elle est comme une espèce de feu qui les brûle. Vous vous promenez dans le monde avec votre pauvre humble sourire qui demande grâce, et une torche au poing, que vous semblez prendre pour une houlette (p. 204).

22. La société: une immense machine

L'injustice maintenue à l'exact degré de tension qu'il faut pour que tournent les rouages de l'immense machine à fabriquer les riches, sans que la chaudière n'éclate (p. 265).

Le monde imaginaire de Bernanos nous présente avant tout une perspective pastorale: le feu, le sol, la semence, la mer, le lac, le germe, les troupeaux et les bestiaux etc. Des êtres humains s'y trouvent aussi: le vieux Job, les soldats, la troupe de soldats . . . C'est un monde où s'installent les maux: le cancer, la lèpre, la guerre etc. Ce monde n'est-il pas la projection du nôtre?

La plus grande part des images a sa source dans la Bible. Commençons par l'image du vieux Job que prend l'écrivain pour décrire le monde du Mal dont l'homme est victime.

Selon les livres poétiques et sapientiaux de l'Ancien Testament, Job était un homme intègre et droit qui craignait Dieu et se gardait du mal. Sept fils et trois filles lui étaient nés. Il possédait aussi sept mille brebis, trois mille chameaux, cinq cents paires de boeufs et cinq cents ânesses, sans parler de ses très nombreux serviteurs. Un jour, la jalousie de Satan fit périr tous ses enfants et tous ses biens. Cependant, Job resta fidèle dans le malheur, proclamant: "Yahvé avait donné, Yahvé a repris; que le nom de Yahvé soit béni!"[1]

Satan affligea Job d'un ulcère malin. Job s'installa dans les cendres. Ses trois amis, trois sages, venaient et l'accablaient de discours inutiles sur la justice divine. L'un d'entre eux disait que Dieu ne châtie qu'au nom de la justice. La confiance de Job en Dieu commençait à s'ébranler. Dans la détresse, il maudissait sa naissance et se justifiait. Alors Yahvé se manifesta, en lui répondant: "Quel est celui-là qui brouille mes conseils par des propos dénués de sens? . . . Où étais-tu quand je fondai la terre? . . . " Job se repentit sur la poussière et sur la cendre. Yahvé restaura sa fortune plus puissamment qu'autrefois.

Bernanos annonce, par cette image, les sens du Mal, la destinée de l'homme et la miséricorde de Dieu créateur. Cette image est née donc de sa foi chrétienne. Une vue évangélique est introduite ainsi au commencement du roman et le domine.

L'étude des métaphores dans le roman nous a révélé clairement que Bernanos est toujours fasciné par les caricatures de son propre univers. Dans l'univers bernanosien, l'homme est sans cesse sollicité par Satan avide des âmes et par celui que Bernanos aime appeler 'le

---

[1] *La Bible de Jérusalem*: Le livre de Job, Prologue (Paris: Cerf, 1955), I-3.

Dieu vorace'. Le désir de Satan a une terrible force d'attraction, mais sa puissance ne peut avoir que l'illusion de triompher.

Bernanos s'inquiète, bien sûr, du sort de l'humanité, cette humanité qui s'est perdue et a été rachetée comme le vieux Job. Ce rachat est le don de Dieu, mais il n'en est pas moins mérité, puisque le péché amène toujours l'homme à la surface de lui-même, tandis que vit dans la profondeur de son être l'esprit d'enfance qui demeure souvent dans une attente, gardien de l'espérance. C'est lui qui guide en secret une destinée où sa présence ne se manifeste autrement que par une tristesse et une amertume inexplicables. Cela fait que la vie terrestre devient une nuit qui semble interminable.

C'est précisément la situation du curé de campagne. Sa paroisse est en quelque sorte l'image du monde qui ne consent à faire au surnaturel qu'une part très réduite. Le curé novice y répond par sa maladresse et sa lente agonie. Nous pourrions résumer sa spiritualité en quelques mots: un amour absolu des âmes, des plus entamées par le mal, et une destinée de douleur allant souvent jusqu'à la dérision.

Pour Bernanos, l'homme est mû par les mystères, ceux d'un monde luciférien et d'un monde divin. Pour lui, la force ennemie n'est pas tout, Dieu est le vrai maître, le vrai père avec qui les hommes vivent, souffrent et finalement triomphent.

Ainsi l'homme n'est pas tout à fait déterminé, condamné par les maux existants. Ces maux existants sont impuissants contre la foi en Dieu. La Bible l'a proclamé d'avance par le livre de Job. Le génie chrétien est de porter le message d'amour, d'un amour qui transcende le sentiment humain. Il est plus puissant que la justice, plus puissant que la mort.

L'image des bêtes est une image familière. Elle évoque irrésistiblement la sauvagerie, la cruauté naturelles des animaux qui dévorent. Cependant, Bernanos n'a pas créé lui-même cette image. Nous trouvons dans l'Apocalypse XX. 10: "Alors, le diable, leur séducteur, fut jeté dans l'étang de soufre embrasé, y rejoignant la Bête et le faux prophète, et leur supplice durera jour et nuit, pour les siècles des siècles." La Bête désigne le Dragon, l'ancien serpent qui a entraîné la chute du premier homme. D'inspiration chrétienne, l'œuvre de

Bernanos évoque, à travers le destin de ses personnages, cette force terrible et mauvaise qui est l'adversaire longtemps bravé de l'homme.

La présence du Mal dans le monde est la source de tous les maux physiques, moraux et spirituels. Ce Mal s'empare de tout homme, de toute génération. L'image des bêtes se présente si fréquemment dans le roman que nous l'entendons comme une des principales notes de la grande symphonie tumultueuse.

En effet, la présence du Mal est une des idées maîtresses du roman à laquelle correspond la plainte douloureuse du curé qui se trouve au début de son journal: "Ma paroisse est dévorée par l'ennui, voilà le mot. Comme tant d'autres paroisses! L'ennui les dévore sous nos yeux et nous n'y pouvons rien." "Le monde est dévoré par l'ennui . . . On dira peut-être que le monde est depuis longtemps familiarisé avec l'ennui, que l'ennui est la véritable condition de l'homme . . ."

Le mot *ennui* se répète en tête du roman comme dans une litanie. L'idée de l'ennui est en même temps personnifiée par le verbe 'dévorer'. L'image des bêtes féroces ne fait que répéter cette idée de l'ennui énoncée aux premières pages du *Journal*. Bernanos exprime ses pensées essentielles sous toutes leurs faces, en utilisant des expressions diverses qui concordent sur le fond.

Les images du bétail, du troupeau sont inspirées par les thèmes bibliques les plus importants. Leur source hébraïque remonte au temps des prophètes. Nous trouvons dans les prophéties maints passages concernant le pasteur et les brebis.[2] Dans le Nouveau Testament, en maints passages les évangélistes nous rapportent la parole de Jésus sur la brebis égarée. Et dans la parabole du jugement dernier, les brebis symbolisent les fidèles, et les boucs, les maudits.[3]

Les images de la semence et du germe étouffé font penser nettement à la parabole du Christ sur le semeur.[4] Celle de l'Eglise rappelle la tentation du Christ au désert, où Satan lui dit: "Tout cela, je te

---

[2] Jérémie 23. 4; 31. 10; Ezéchiel 34. 3-24; Isaïe 40; Psaume 74. 78. 80. 95. 100.
[3] Matthieu 25. 33.
[4] Matthieu 13.3-9; Marc 4.3-9; Luc 8.5-8.

le donnerai, si tu tombes à mes pieds et m'adores." Bernanos exprime par là l'idée des combats spirituels dont le Christ est le chef vainqueur, des combats que mènent les chrétiens contre la puissance du Mal.

Les images du fer rouge, de la torche, nous font penser à ce que dit le Christ dans l'évangile de Luc 12.49: "Je suis venu apporter le feu sur la terre, et comme je voudrais que déjà il fût allumé!" La parole de Dieu ou les vertus, pour Bernanos, ont un caractère de violence qui transforme les êtres humains.

C'est aussi dans l'Apocalypse (chapitres 20 et 21) que nous trouvons l'origine de l'image du lac de boue gluant. Les expressions 'l'étang de feu' et 'l'étang de soufre embrasé' y sont nombreuses. Par cette image, Bernanos nous montre la portée eschatologique des actions quotidiennes de l'homme. Or Bernanos affirme que l'enfer n'est ni le feu, ni le soufre; il est essentiellement une privation d'amour. Le jeune prêtre dit à la comtesse qui vit dans le refus de l'espérance: "L'enfer, madame, c'est de ne plus aimer." Les hommes prisonniers de l'enfer sont comparés donc à des pierres embrasées et l'inconcevable malheur de ces pierres embrasées est qu'elles n'ont plus rien à partager.

Pour Bernanos, le christianisme seul enseigne l'unité et la valeur de l'histoire; lui seul révèle la vraie destinée de chacun et de l'humanité. Toute la morale héroïque de Bernanos se fonde sur la valeur qui n'est assumée que par un pari de l'espérance. Dans la mesure où l'œuvre de Bernanos constitue sa réponse aux angoisses de son siècle, les personnages principaux qui y paraissent sont d'abord des images de leur créateur lui-même. Ils portent un poids sous lequel l'auteur lui aussi se sentait accablé. L'auteur est partout dans son oeuvre.

Dans le roman, toutes les images s'enchaînent, forment une orchestration dans laquelle mille petites images ne font que répéter en écho les notes maîtresses. L'ampleur et la concordance remarquable des images font l'originalité du style du *Journal d'un Curé de Campagne*. L'unité des images offre une synthèse conçue dans l'esprit de leur écrivain. C'est de l'ambiance d'une poésie antique que s'imprègne le lecteur en lisant le roman.

CONCLUSION

Écrivain sobre, grave et sincère, tel est Bernanos dans le *Journal d'un Curé de Campagne*. Sa force explosive habituelle est absente du livre; ses élans fougueux et parfois démesurés, sévèrement éliminés.

L'oeuvre que nous avons étudiée est une immense confidence. Comme une mosaïque merveilleuse faite d'éléments variés et ajustés, le langage de cette confidence se construit à l'aide d'un heureux mélange de mots simples et de phrases courtes. Tout y paraît très sobre. Pourquoi donc cette sobriété?

Aux heures amères de sa destinée, l'homme souffre intensément. Recueilli, il se dépouille. L'action se réduit à l'indispensable. Il lui est impossible de parler longuement des choses de la souffrance. Ce dépouillement de l'esprit a son propre langage. Souvent des mots s'échappent de leur source profonde et mystérieuse. Ce sont des mots vitaux, des mots qui pénètrent et brûlent comme des étincelles.

Nous comprenons l'idée fort juste de Charles Bally: "Plus ma pensée est inconsciente, plus elle peut compter sur une compréhension exacte et profonde, plus au contraire l'expression est réfléchie et analytique, plus aussi elle rencontre d'obstacles . . . "[5]

Le mot cesse d'être un mot figé dans les limites de sa signification immédiate pour exprimer tout un destin, toute une expérience. Ce signe valorisé s'étend sur la totalité du champ des valeurs qu'il assume. C'est à l'ensemble de ces valeurs qu'il renvoie à tout moment et dans chacun de ces emplois singuliers. C'est ainsi que les mots éclatent au delà de leur sens propre.

Si, dans le roman, la vie du protagoniste se communique sous sa forme intime, la sobriété répond alors à l'expression la plus vraie de l'homme intérieur. Le ton du roman suit le souffle du héros qui tend, de tout son être, vers quelque chose. Tantôt haletant, essoufflé, tantôt nerveux, saccadé, le style est bien celui des passions et des combats.

---

[5] Charles Bally, *Le Langage et la vie* (Genève: Droz; Lille: Giard, 1952), p. 24.

Remarquables sont sa discrétion des effets et sa transparence qui donne l'impression d'un parfait naturel.

Dans le *Journal*, le rythme, la syntaxe, l'image, l'emploi des temps . . . tout participe, au même titre que le vocabulaire, au grand jeu d'évocation et de suggestion. Chacun d'eux est supporté par tous les autres, et par la cosmogonie de l'auteur. Chacun d'eux contient l'œu vre tout entière et c'est de la totalité de l'œuvre qu'il reçoit sa signification. Tous les éléments nouent entre eux des relations de sens qui en orientent et en déterminent l'emploi.

Bernanos s'efforce de présenter ses idées essentielles sous toutes leurs faces principales en accumulant des expressions concordantes pour le fond et diverses par la forme. La magnificence des images et la variété des procédés ont rendu possible la création d'un climat profondément religieux sous lequel apparaît la vision apocalyptique. Cette vision anime le fond du roman, l'illumine et lui donne sa propre personnalité.

Nous pouvons affirmer que Bernanos est grand dans cette œuvre par sa sensibilité intuitive, son intelligence évocatrice et l'exaltation de sa foi chrétienne.

BIBLIOGRAPHIE

Études sur la stylistique:

Alonso, A. "The stylistic interpretation of literary texts." *Modern Language Notes*, vol. 57 (1942), pp. 489-96.

Antoine, G. "La stylistique française, sa définition, ses buts, ses méthodes." *Revue de l'Enseignement supérieur*, 1 (1959), pp. 42-60.

Bally, Ch. *Traité de stylistique française*. Heidelberg: Winter, 1902; Genève: Georg et Paris: Klincksieck, 2° éd., 1919-1921; 3° éd., 1951.

Bally, Ch. *Précis de stylistique*. Genève: Eggimann, 1905.

Bally, Ch. *Stylistique générale et stylistique française*. Berne: Francke, 1944.

Bruneau, Ch. "La stylistique." *Romance Philology*, 5 (1951-52), pp. 1-14.

Bruneau, Ch. "La science de la stylistique, problème de vocabulaire." *Cultura Neolatina*, 1956, pp. 65-71.

Cohen, M. *Grammaire et style*. Paris: Editions sociales, 1954.

Cressot, M. *Le style et ses techniques*. Paris: Presses Universitaires de France, 1947.

Devoto, G. "Introduction à la stylistique." *Mélanges Marouzeau*, 1948, pp. 125-39.

Dresden, S. "Stylistique et science de la littérature." *Neophilologus*, 1952, pp. 193-205.

Godin, H.J.G. *Les ressources stylistiques du français contemporain*. Oxford: Basil Blackwell, 1948.

Guiraud, P. *La stylistique*. Paris: Presses Universitaires de France, 1963.

Hatzfeld, H. *Initiation à l'explication française*. Munich: Max Hueber Verlag, 1957.

Hatzfeld, H. "Peut-on systématiser l'analyse stylistique?" *Rivista di litteratura moderne comparate*, 1960, pp. 149-157.

Hatzfeld, H. "Methods of stylistic investigation." *Literature and Science*, 1954, pp. 44-51.

113

Le Style du Journal d'un Curé de Campagne

Hatzfeld, H. *Trends and Styles in Twentieth Century French Literature.* Washington, D.C.: Catholic University of America Press, 1966.

Imbs, P. "Analyse linguistique, analyse philologique, analyse stylistique." *Programme du Centre de philologie romane de Strasbourg,* 1957, pp. 61-79.

Jakobson, R. "Linguistics and Poetics." *Style in language,* 1960, pp. 350-377, traduit en français dans *Essais de linguistique générale,* N° 1, Minuit, 1963, pp. 209-248.

Legrand, E. *Méthode de stylistique française à l'usage des élèves.* Paris: Gigord, 1949.

Marouzeau, J. *Précis de stylistique française.* Paris: Masson, 1946.

Marouzeau, J. *Notre langue.* Paris: Delagrave, 1955, ch. 9.

Marouzeau, J. "Comment aborder l'étude du style." *Le français moderne,* vol. 11 (1943), pp. 1-6.

Picon, G. *Introduction à une esthétique de la littérature.* Paris: Gallimard, 1953.

Riffaterre, M. *Le style des Pléiades de Gobineau.* New York: Columbia University Press, 1957.

Riffaterre, M. "Réponse à M. Leo Spitzer sur la méthode stylistique." *Modern Language Notes,* 1958, pp. 474-490.

Sörensen, H. "Littérature et linguistique," *Orbis litterarum,* sup. 2, 1958, pp. 182-197.

Spitzer, L. *Stylistics and literary history.* Princeton: Princeton University Press, 1948.

Spitzer, L. "Les théories de la stylistique." *Le français moderne,* 1952, pp. 165-168.

Ullmann, S. "Psychologie et stylistique." *Journal de Psychologie, avril-juin 1953, pp. 133-156.*

Ullmann, S. *Style in the French Novel.* Cambridge University Press, 1957.

Ullmann, S. *The images in the Modern French Novel.* Oxford: Basil Blackwell, 1963.

Verschoor, J.A. "Parole, langue et les deux stylistiques, question de terminologie." *Neophilologus,* 1955, pp. 184-191.

Bibliographie

Études sur Georges Bernanos:

Aaraas, H. *A propos de Journal d'un curé de campagne - essai sur l'écrivain et le prêtre dans l'oeuvre romanesque de Bernanos.* Paris: Minard, Archives des Lettres Modernes, 1966.

Balthasar, H.U.V. *Bernanos.* Cologne et Olten: Jakob Hegner, 1954.

Béguin, A. *Bernanos par lui-même.* Paris: Seuil, 1954.

Bouraoui, H.A. "Face in the Mirror: Bernanos' hero as artist in *Journal d'un curé de campagne.*" *Modern Fiction Studies*, Summer 1971, 17: 181-92.

Bridel, Y. *L'esprit d'enfance dans l'œuvre de Georges Bernanos.* Paris: Minard, 1966.

Busch, W. *Souffrance et expiation dans la pensée de Bernanos.* Paris: Minard, 1962.

Chênerie, Marie-Luce. *Pour un bestiaire de Bernanos. 1. La Symbolique du cheval.* Paris: Minard, 1972.

Chênerie, Marie-Luce. *Pour un bestiaire de Bernanos. 2. La Corruption et la transcendance.* Paris: Minard, 1973.

Estang, L. *Présence de Bernanos.* Paris: Plon, 1947.

Estève, M. *Le sens de l'amour dans les romans de Bernanos.* Paris: Minard, 1959.

Estève, M. *Bernanos.* Paris: Gallimard, 1965.

Fitch, Brian. *Dimensions et structures chez Bernanos, essai de méthode critique.* Paris: Minard, 1969.

Gillespie, J.L. *Le tragique dans l'œuvre de Bernanos.* Genève: Droz; Paris: Minard, 1960.

Ispérian, G. "La nuit dans le *Journal d'un curé de campagne.*" *Les Échos de St. Maurice.* N° 1, 34-44.

Jurt, J. *Georges Bernanos: Essai de bibliographie des études en langue française.* Tome I, 1926-1948, tome II, 1949-1961, tome III, Depuis 1962. Paris: Minard, 1972.

Maubrey, P. *L'expression de la passion intérieure dans le style de Bernanos romancier.* Washington: Catholic University of American Press, 1959.

Nettelbeck, C. W. *Les personnages de Bernanos.* Paris: Minard, 1970.

115

Le *Style du Journal d'un Curé de Campagne*

Picon, G. *Georges Bernanos*. Paris: R. Martin, 1948.

Rétif, A. "Style et images chez Bernanos." *Vie et Langage*, 367-374.

Rivard, Y. *L'imaginaire et le quotidien*. Paris: Minard, 1978.

Scheidegger, J. *Bernanos romancier*. Neuchâtel-Paris: Attinger, 1956.

Simon, P.H. *Témoin de l'homme*. Paris: Armand Colin, 1951.

Vinebery, E. "*Journal d'un curé de campagne*: a psycho-analytic reading." *Modern Language Notes*, May 1977, 92: 825-9.

Whitehouse, J.C. *Le réalisme dans les romans de Bernanos*. Paris: Minard, 1966.

Numéros spéciaux de revues sur Bernanos:

Le Bulletin périodique de la société des amis de Georges Bernanos. Cahiers parus entre 1949-1969.

Le Figaro littéraire, n° 1246, avril 1970.

L'Herne, n° 2, 1962.

Livres de France. Janvier 1962.

Revue de Lettres modernes. Études bernanosiennes:

1. n° 56-57, 1960.

2. Autour du *Journal d'un curé de campagne*, n° 67-68, 1961.

3-4. Témoin de l'homme - témoin de Dieu, n° 81-84, 1963.

5. Autour de *M. Ouine*, n° 108-110, 1964.

6. Confrontations, n° 127-129, 1965.

7. Bernanos et la critique - résultats et perspectives, n° 141-145, 1966.

8. Interférences Julien Green-Paul Claudel, n° 153-156, 1967.

9. *Nouvelle histoire de Mouchette*- de Bernanos à Bresson, n° 175-179, 1968.

10. Autour de *M. Ouine* (2), n° 203-208, 1969.

11. *Un mauvais rêve*, n° 228-233, 1970.

12. Sources et dimensions de *Sous le soleil de Satan*, n° 254-259, 1971.

13. *Les grands cimetières sous la lune*, n° 290-297, 1972.

14. Journal et récit: *Les Enfants humiliés*, n° 340-345, 1973.

15. *Les Ténèbres* - structure et personnages, n° 409-412, 1974.

16. *Les Ténèbres* (2) - images et imaginaire, n° 504-509, 1977.

Interférences 2: Bernanos - Jouve - Bresson, Paris: Minard, 1978.

INDEX